나는 너를 좋아해
그대로의 너를, 그대로의 나를

저자 이지연 고혜인 김경아 손향미
권민성 임려원 이혜숙 고종숙

프롤로그

봄이면 골목길 틈새마다 노란 민들레가 피어난다. 누구도 심지 않았는데도 제 자리를 찾아와 꽃을 피운 모습은 신기하다. 낡은 담벼락 밑, 작은 돌틈, 사람 발길이 하루에도 수십 번씩 오가는 길 위에서도, 민들레는 고개를 들어 햇살을 받아낸다.

한 줄기 바람이 지나가도 고개를 숙이지 않고, 비가 내려도 길게 뻗어 다시 해를 향한다. 민들레는 특별한 곳에서만 살아남는 꽃이 아니다. 바람이 거세게 부는 들판에서도, 도시의 차가운 틈새에서도, 시골의 풀숲 한 귀퉁이에서도, 그 모습 그대로 피어난다. 그 존재 자체로 '민들레는 민들레'임을 증명하며 서 있는 것이다.

나는 가끔 그 단단한 평범함이 부럽다. 꺾이지 않으려고 이를 악무는 힘이 아니라, 그저 주어진 자리에서 피어나는 자연스러운 힘이다. 누군가의 시선을 얻기 위해 애쓰지 않고, 스스로의 때를 알아 살아가는 고유한 리듬이다. 화려하게 피었다가 스러져도, 씨앗이 흩날려 또 다른 어딘가에서 다시 살아나는 순환의 힘이다.

그 여유와 담대함이 부럽다. 민들레는 어쩌면 우리에게 이렇게 말하는지도 모른다. 그 자리에서, 네 모습 그대로, 다시 피어나면 된다고. 누구의 인정을 받지 못해도, 비교의 눈길 속에서 작아져도, 네 안의 생은 여전히 자라나고 있다고.

삶은 자주 바람에 흔들린다. 계획했던 길이 뜻대로 이어지지 않고, 애써 가꾼 것이 무너지는 순간이 찾아온다. 그러나 민들레를 보면 알 수 있다. 바람이 씨앗을 날려 보내는 것은 꽃을 끝내기 위함이 아니라, 새로운 생을 이어가기 위함이라는 사실을.

우리가 지나온 시간도, 한때 흩어진 꿈도, 언젠가 다시 피어날 수 있는 씨앗일지 모른다. 멀리 날아간 씨앗이 어디에서 뿌리를 내릴지는 아무도 모른다. 그러나 민들레는 그것을 두려워하지 않는다. 바람을 적으로 삼지 않고, 삶의 일부로 받아들인다. 그 이치를 이미 알고 있는 것이다.

그래서 오늘 나는 내 안의 민들레를 믿어보기로 한다. 바람이 어디로 나를 데려가든, 그 여정 속에서 나는 다시 피어날 수 있다는 것을 안다. 땅이 거칠어도, 비가 길게 내려도, 누군가가 무심코 밟고 지나가도, 나는 또다시 고개를 들어 해를 향해 피어날 수 있다. 민들레가 민들레이듯, 나는 나로서 살아갈 수 있다. 그리고 그 삶은, 어떤 화려한 꽃보다도 오래 기억되는 향기를 남긴다.

8명의 심리상담사가 『민들레는 민들레』를 함께 읽었다. 같은 책을 읽었지만, 각자의 마음에 남은 장면과 문장은 달랐다. 누군가는 바람에 몸을 맡기는 민들레 씨앗에서 용기를 보았고, 누군가는 척박한 땅에서도 꽃을 피우는 힘에서 회복을 떠올렸다.

또 누군가는 그 자리 그대로 서 있는 민들레를 보며 '나답게 사는 것'에 대해 깊이 생각했다. 상담실에서 수많은 내담자의 이야기를 들어온 이들이지만, 책 속 민들레 앞에서는 모두가 한 사람의 독자가 되어, 자신을 돌아보고 마음을 적어 내려갔다.

이 책에는 그 기록이 담겨 있다. 민들레를 통해 각자가 발견한 삶의 표정, 회복의 순간, 그리고 자기다움에 대한 깨달음이 있다. 여덟 개의 이야기는 서로 다른 빛깔을 지녔지만, 모두 '민들레는 민들레'라는 단순하고 깊은 의미를 품고 있다. 이 글들이 당신의 하루에도 작은 바람이 되어, 자신만의 씨앗을 바라보고, 다시 피어날 힘을 얻게 되길 바란다.

목차

2

나와 너, 다름 속에서 흩날리다

3

민들레는 민들레, 나는 나

제1장 나는 씨앗

제1장 나는 씨앗

그림책 『민들레는 민들레』

민들레는 우리 곁에서 가장 쉽게 만날 수 있는 꽃이다. 화단이나 꽃밭처럼 정성스레 가꾼 곳이 아니라, 길가나 골목, 담벼락 아래나 인도 틈새에서 더 자주 만난다. 한 번이라도 눈여겨 본 적이 있다면 알 수 있다.

그 작은 꽃이 어떻게 그토록 씩씩하게 피어나는지, 바람과 비를 맞으면서도 금세 고개를 들어 햇살을 향하는지. 민들레는 특별한 조건이나 환경을 기다리지 않는다. 어디서든 뿌리를 내리고, 자신만의 꽃을 피운다.

그런 민들레의 한 생애를 담은 그림책이 있다. 『민들레는 민들레』는 씨앗이 바람을 타고 날아와 땅에 내려앉는 순간부터, 꽃을 피우고 다시 씨앗을 날려 보내기까지의 과정을 따뜻하고 섬세한 그림으로 그려낸다.

씨앗 하나가 어떻게 싹을 틔우고, 작고 여린 줄기가 어떻게 계절을 견디며 꽃을 피우는지, 그리고 결국 또 다른 누군가에게 생명을 전해주는지. 이 그림책은 민들레를 통해 '삶'의 순환과 '자기다움'의 힘을 보여준다.

민들레는 결코 장미처럼 화려하지 않고, 난초처럼 귀하지 않다. 그러나 그 평범함이야말로 민들레의 힘이다. 바람이 어디로 실어 나르든, 뿌리를 내릴 수 있는 곳이면 그 자리에서 피어난다.

그림책 속 민들레 역시 고운 풀밭이나 정원에만 머물지 않는다. 길가, 돌 틈, 들판, 심지어 아무도 눈길 주지 않는 빈디에서도 꽃을 피운나. '민들레는 민들레'라는 제목처럼, 민들레는 그 어떤 자리에서도 민들레인 채로 살아간다.

이 책을 펼치면, 민들레의 여정이 마치 우리의 삶처럼 느껴진다. 원하는 곳에만 머무를 수 없는 현실, 예기치 않은 바람, 때로는 거친 땅. 하지만 그 속에서도 살아남고, 피어나고, 다시 다음 생을 이어주는 일. 민들레는 말없이 이렇게 속삭이는 듯하다.

"네가 어디에 있든, 어떤 땅 위에 서 있든, 너는 너다."

『민들레는 민들레』는 나다움, 회복, 그리고 삶을 이어가는 힘에 대한 이야기다. 씨앗을 날려 보내는 순간까지도 민들레는 자신이 누구인지 잊지 않는다. 이 책을 읽는 우리는 그 모습에서, 나 자신을 있는 그대로 받아들이는 법을 배운다.

그 자리 그대로, 민들레

가끔 이런 상상을 해본다. 만약 민들레에게 마음이 있고, 자기 모습을 비춰볼 거울이 있다면, 그 모습이 마음에 들까. 노란 꽃잎이 조금 덜 고운 날, 꽃대가 유난히 짧아 보이는 날, 이웃한 장미나 튤립을 바라보며 부러워하는 마음이 들지는 않을까. "나도 저렇게 화려하게 피었으면 좋겠다" 혹은 "나는 왜 늘 이런 자리에서만 자라는 걸까" 하고 생각하지는 않을까.

우리는 자주 자신을 다른 존재와 비교한다. 마치 다른 모습이어야 더 가치 있어 보인다고 믿는다. 하지만 민들레를 자세히 보면, 그런 비교가 어쩌면 무의미하다는 것을 알게 된다.

민들레는 장미가 될 수 없고, 장미도 민들레가 될 수 없다. 바람이 불면 장미의 꽃잎은 떨어지지만, 민들레는 오히려 그 바람을 타고 씨앗을 멀리 보낸다. 어떤 이는 민들레를 '잡초'라 부르지만, 누군가는 민들레 차를 마시고, 민들레 잎을 먹으며 건강을 얻는다. 이름과 시선이 바뀐다고 해서 민들레의 본질이 변하는 것은 아니다.

그럼에도 불구하고, 사람의 마음 속에는 '다른 무언가가 되어야 한다'는 유혹이 늘 있다. 화려하지 않으면, 주목받지 않으면, 내가 가진 색이 초라해 보일 때가 있다. 그러나 민들레의 삶은 묻는다. '그냥 민들레여도 괜찮지 않느냐'고. 멀리 날아간 씨앗이 어디에 닿을지는 아무도 알 수 없지만, 그 어디에서든 피어나면 된다고. 민들레는 바람이 데려간 자리에서 뿌리를 내리고, 자신이 가진 빛깔로 꽃을 피운다.

어쩌면 중요한 건, '무엇이 되는가'가 아니라 '어디서든 나로 살아갈 수 있는가'일지도 모른다. 민들레가 민들레인 게 마음에 들었는지는 알 수 없지만, 그 꾸밈없는 생이 우리에게 전해주는 대답은 분명하다. 나를 있는 그대로 받아들이는 순간, 이미 나는 나의 빛을 품고 살아가고 있는 것이다.

불어온 바람을 타다

민들레 씨앗은 꽃대 위에서 하얀 깃털을 단 채로 오랫동안 하늘을 바라본다. 아직 바람이 불지 않으면 그 자리에 머물러야 하고, 바람이 불어도 충분한 때가 아니라면 매달려 있어야 한다. 기다림은 길 때도 있고 짧을 때도 있지만, 민들레는 그 시간을 서두르지 않는다.

햇볕이 비치고 비가 스며드는 날들을 견디며 뿌리는 흙 속에 더 깊게 박히고, 꽃잎은 시들어 씨앗이 맺히는 과정을 차분히 받아들인다. 그림책 속 민들레도 그렇게 기다린다. 땅 위에서는 잎이 여전히 푸르고, 위에서는 하얀 깃털들이 둥글게 모여 있다. 모든 것이 제 자리에 있는 듯 보이지만, 그 안에는 곧 불어올 바람을 맞을 준비가 차곡차곡 쌓여 있다.

그러던 어느 날, 아주 작은 숨결 같은 바람이 지나간다. 처음엔 씨앗들이 가볍게 흔들릴 뿐이지만, 바람은 점점 힘을 더해 꽃대를 스친다. 그림책 속 민들레 씨앗 하나가 깃털을 활짝 펼치고, 드디어 꽃대와의 이별을 시작한다. 그 순간은 기쁨이자 두려움이다.

오랫동안 붙어 있던 자리에서 떨어져 나간다는 것은 익숙함을 놓는 일이고, 다시는 돌아올 수 없는 길을 떠나는 일이기 때문이다. 하지만 민들레는 주저하지 않는다. 바람이 불어오는 방향에 몸을 맡기고, 점점 높이, 멀리 날아간다.

씨앗이 가는 길은 누구도 예측할 수 없다. 햇살이 부드럽게 감싸는 곳을 지나기도 하고, 갑작스러운 빗방울을 맞기도 한다. 어떤 씨앗은 오래 날다가 멀리 떨어지고, 어떤 씨앗은 금세 힘을 잃고 가까운 땅에 내려앉는다.

그 땅이 기름진 흙일 수도, 굳게 다져진 길 위일 수도, 사람 발길이 잦은 인도일 수도 있다. 그러나 민들레 씨앗은 그 어느 것도 탓하지 않는다. 바람이 앉혀 준 자리라면 그곳이 곧 자신의 터전이 된다. 땅이 거칠어도, 햇볕이 조금 덜 들어도, 물이 쉽게 마르는 자리라도, 씨앗은 거기에 뿌리를 내리고 살아갈 방법을 찾아낸다.

우리의 삶에도 이런 바람이 있다. 예고 없이 불어와 우리가 세운 계획을 바꾸고, 익숙한 자리를 떠나게 만들고, 마음을 낯선 곳으로 밀어낸다. 처음에는 그 바람이 두렵고 원망스럽다. 내가 바라던 길이 아니고, 내가 준비한 자리도 아니기 때문이다.

하지만 시간이 지나면 깨닫게 된다. 그 바람이 아니었다면 결코 만나지 못했을 풍경과 사람들, 그리고 자신의 새로운 모습을 민들레처럼. 우리는 바람을 거스르기보다 타고 갈 때 더 멀리, 더 깊이 나아갈 수 있다.

그림책 『민들레는 민들레』 속에서 씨앗은 멀리 날아가서도 자신의 이름을 잃지 않는다. 바람이 어디로 데려가든, 씨앗은 민들레 씨앗이고, 땅에 닿으면 민들레로 자란다. 그 모습에서 나는 중요한 사실을 배운다. 바람이 데려간 자리가 전혀 예상치 못한 곳이라도, 그곳에서 나를 잃지 않고 살아가는 힘이야말로 진짜 회복력이다. 때로는 내가 선택하지 않은 변화가, 오히려 나를 나답게 만드는 기회가 된다.

불어온 바람은 여전히 낯설고, 때로는 거세다. 그러나 이제 나는 안다. 그 바람이 반드시 나를 쓰러뜨리는 힘만은 아니라는 것을. 그것은 나를 새로운 길로 데려다 주고, 그곳에서 다시 뿌리를 내릴 기회를 준다. 바람이 어디로 나를 데려가든, 나는 그 자리에서 살아갈 수 있다. 그리고 언젠가 또다시, 나만의 씨앗을 바람에 실어 보낼 수 있다. 민들레가 그렇게 살아왔듯, 나 역시 나의 바람을 타고 살아간다.

제 2 장

나와 너, 다름 속에서 흩날리다

제2장 나와 너, 다름 속에서 흩날리다

민들레 씨앗은 같은 꽃에서 태어났지만, 바람이 데려간 자리는 모두 다르다. 어떤 씨앗은 부드러운 흙 위에 내려앉고, 어떤 씨앗은 사람들의 발길이 잦은 길가에 떨어진다. 또 어떤 씨앗은 돌 틈에 박혀 작은 틈새를 뚫고 나오기도 한다. 같은 뿌리에서 시작되었어도, 살아가는 풍경과 피어나는 모양은 제각각이다.

우리가 살아가는 모습도 그렇다. 같은 시대를 살고 있어도, 같은 공간에서 숨 쉬고 있어도, 각자가 지나온 길과 품은 이야기는 다르다. 누군가는 부드러운 햇살 같은 기억을 간직하고, 누군가는 거친 바람을 견디며 하루를 버틴다. 다름은 어쩌면 당연한 것이고, 그 다름 속에서 우리는 서로를 더 깊이 이해하게 된다.

이 장에는 여덟 명의 작가가 각자의 자리에서 써 내려간 민들레 이야기가 담겨 있다. 같은 그림책을 읽었지만, 바라본 장면도, 느낀 감정도, 마음에 남은 메시지도 모두 다르다. 누군가는 바람 앞에서 움츠린 마음을, 누군가는 다시 날아오를 용기를, 또 누군가는 뿌리 내리는 힘을 이야기한다.

바람은 우리를 흩날리지만, 흩날림 속에서 우리는 나와 너의 다름을 배우고, 그 다름이 만들어 낸 풍경을 함께 바라본다. 그리고 알게 된다. 어디에 앉든, 어떤 모습으로 피어나든, 결국 우리는 각자의 자리에서 빛나고 있다.

민들레 하나, 이지연

소개

- 교육학 박사
- 한국상담심리학회 상담심리사 1급, 주수퍼바이저
  임상심리사 1급, 청소년상담사 1급, 청소년지도사 1급
- 한양대학교 미래인재교육원 겸임교수
  숭실대학교 글로벌미래교육원 심리학 전공 외래교수
- 서울경찰청 위촉 범죄피해평가전문가
  식품의약품안전처 인증 마약류 예방 및 재활 전문인력
- 기타 활동: 수퍼비전, 청소년 기관 자문 등

연락처

메일: verangel@nate.com

품은 마음

내가 할 수 있을 만큼만, 애쓰고 살아가길 소망합니다.

존재함으로써 자신의 존재를 알리는 꽃, 민들레

어느덧 3년째, 나는 5도 2촌의 새내기 농부로서 살고 있다. 도시보다 시골은 사계절의 냄새가 뚜렷하고, 자연의 힘을 빌려서 할 일은 많아진다. 봄에는 작은 텃밭에 다양한 씨앗을 심는다. 심을 때는 무슨 씨앗인지를 알지만, 씨앗을 뿌리고 표시를 해두지 않으면 모두 다 흙으로 덮여있기에 어디에 심었는지, 그것이 무슨 씨앗인지를 알 수가 없다. 그러다 해가 길어지고 봄볕이 따스해지면, 흙을 뚫고 나온 새싹이 고개를 들고 인사한다.

'나 여기 있었어!'

유심히 보지 않으면 지나치고 마는 그 땅에 작은 푸름이 신비하게 자라나고 있다. 제 몸에 비해 수백 배나 무거운 흙을 머리에 인 채, 그 위를 뚫고 올라오기 위해 이 씨앗은 어둠 속에서 얼마나 고군분투했을까? 오랜 시간을 견디고 씨앗이 새싹이 되어 세상 밖으로 얼굴을 내밀 때, 나는 비로소 그 존재의 애씀을 알아차린다. 그런데도 여전히 이것이 무슨 새싹인지는 알 수 없다. 그저 내가 뿌려둔 많은 씨앗 중 하나일 뿐이니까.

"반가워, 너를 기다리고 있었어. 그런데 넌 누구니?"

씨앗에서 새싹으로 자라온 만큼의 시간이 흘러야 이 생명체가 어떤 존재인지 알 수 있다. 잎이 나면? 꽃대가 올라오면? 꽃봉오리가 되면? 아니면 꽃이 완전히 피게 되면 알 수 있을까? 그 시기마저도 알 수가 없으니 더욱 궁금해진다. 그래서 더 관심이 간다. 하루에 한 번, 아니 그보다 더 자주 찾아가 변화를 살펴본다. 어떤 모습으로 변할지 기다리는 마음이 나를 설레게 한다.

"나에게 너를 보여줘. 계속 새싹일 수는 없어. 새싹은 새로운 시작이거든."

초록색의 잎이 하나, 둘 삐죽빼죽 나기 시작한다. 어떤 생명체일까, 언제 피어날까, 무척 궁금했던 나는 꽃이 피기 전에 이미 잎의 모양만 보고도 누군지 알 수 있었다.

"아~ 너 민들레니? 너 민들레구나?"

'응, 나 민들레야, 나 맞아, 나 여기 있어.'

내가 애써 심지도 않은 민들레가 내게 찾아와 가장 먼저 부지런하게 피어났다. 언제 바람을 타고 이곳에 내려앉아 자리를 잡았을까? 작년에 나는 '여기는 내가 뿌린 꽃이 필 자리'라며 민들레를 뽑아버렸는데, 그럼에도 민들레는 다시 같은 자리에서 뿌리를 내렸다.

"민들레는 쉽게 포기하는 법이 없구나. 다른 예쁜 꽃들처럼 환영받지 못해도
너는 너만의 방법으로 너만의 꽃을 피우는구나!"

'응. 나는 언젠가 또 바람을 타고 와서 어디든 뿌리를 내리고
나만의 노란 꽃을 피울 거야. 그 어디라도, 그 언제라도 상관없어.
아무렴 어때. 그게 바로 나 민들레인걸.'

내가 공들여 심지 않았다는 이유로, 내가 기다린 꽃이 아니라는 이유로, 다른 꽃들과 전혀 어울리지 않는다는 이유로 여리고 보드라운 민들레를 마치 잡초처럼 여기고 수도 없이 뽑아왔다.

그러나 이제는 안다. 그 어떤 꽃보다도 민들레는 부지런하고, 조화로우며, 자신의 자리를 양보하면서도 제 꽃을 피우기 위해 그 어디든 새로운 보금자리를 만드는 강인한 생명력이 있다는 것을. 주인이 씨앗을 심는 수고로움이 없어도 홀로 뿌리를 내리고, 다른 꽃들과 다른 모습으로 자신이 민들레임을 나와 세상에 알린다. 존재함으로써 자신의 존재를 알리는 꽃. 민들레.

"그래, 이제 조금 너에 대해서 알게 된 것 같아. 새롭게 알게 되어 반가워."

어쩌면, 힘든 상황에서도 피어나려 애썼을 민들레

민들레 씨앗이 바람을 타고 이곳저곳에 흩어져, 제때가 되면 자연의 이치에 따라 피어난다고 생각할 수도 있다. 그러나 정말 척박한 자리에 터를 잡고 뿌리를 내린 민들레를 보면, 그 안에서 강인함과 동시에 애씀이 보여 마음이 쓰인다. 그런 마음이 쓰이는 민들레는 멀리 있는 것이 아니라, 내 주변에, 혹은 바로 나 자신일 수도 있겠다는 생각이 든다.

나의 할아버지는 경찰이셨는데, 6·25 전쟁 때 참전하셨다가 전사하셨다. 그때 아버지는 아직 할머니의 뱃속에 있었다. 가족을 잃은 슬픔을 느낄 틈도 없이 여기저기 피난을 다녀야 했던 그 모자에게 가장 절실했던 것은 생존이었을 것이다. 유복자로 태어나 어머니와 누이를 먹여 살려야 했던 아버지는, 자신의 인생을 꽃피우기보다 가족의 생존을 평생의 화두로 삼고 사셨을 것이다.

아버지는 "많은 설움을 당하면서도 안 해본 일이 없다"라고 하셨다. 무일푼의 가난한 청년 민들레였던 아버지는 누구보다 근면하고 성실해서, 남의 도움 없이 자신의 노력과 능력만으로 집안을 일으켜 세우고 안정된 가정을 꾸려나갔다.

청년 민들레가 예쁘고 작은 씨앗을 내려, 내가 태어났다. 아버지는 내가 태어난 이후로 일이 더 잘 풀리고 번창했다며 나를 복덩이로 여겨주셨다. 이후 남동생이 태어나면서 복덩이 민들레였던 나는 장녀가 되었다.

당시 큰아버지 댁에 아이가 없다는 이유로, 할머니는 나를 큰집에 입양시키려 하셨다. 일주일에 며칠씩 나를 큰집으로 보내려 하셨는데, 어린 나는 가족과 떨어져 지내야 한다는 사실이 참으로 외롭고 슬펐다.

그 시절, 나는 '나는 복덩이 민들레인데, 왜 나를 여기로 보내지? 왜 나만 이곳에 있지?'라는 생각을 했던 것 같다. 물론 나를 보내고 슬퍼했던 부모님이 결국 도저히 안 되겠다며 더 이상 나를 큰집에 보내지 않으셨지만, 그 일이 있고 난 뒤 나는 자연스럽게 '나를 큰집에 보내지 않도록 부모님께 더 잘해야겠다. 더 필요한 복덩이 민들레가 되어야지'라고 마음먹었다. 게다가 맞벌이하며 근면 성실하게 살아가시는 부모님의 모습을 보면서 나 역시 평생 쓸모 있는 사람으로, 생존을 위해 끊임없이 노력해야 한다고 믿으며 성장해 왔다.

어린 시절 나는 연탄가스에 중독된 적도 있었고, 오토바이에 치이는 교통사고를 당한 적도 있었다. 우리 동네에서 대학생 언니, 오빠들이 최루탄을 맞으며 시위하던 때에는 화염병을 피해 집까지 달아난 기억도 있다. 특히나 IMF 시절, 아버지가 운영하시던 공장이 부도 위기에 처했고, 엄마는 담도암 말기로 병원에서 투병하셨다.

청년 민들레는 당시 아내도, 가정도, 회사도 한순간에 잃게 될까 봐 극도의 스트레스와 불안을 경험했다. 우리 집에 재난과도 같은 위기가 덮쳤고, 당시 나는 가족에게 짐이 되지 않게 눈치껏 행동하는 것 외에 내가 할 수 있는 일은 아무것도 없었다. 감사하게도 우리 부모님은 그동안 연마된 강인한 생존력으로 각각의 위기를 극복하시고, 다시 일어나셨다. 위기의 순간에도 강인한 민들레들은 꽃을 피워냈다.

좋은 부모를 둔 안정된 가정에서 자랐지만, 이렇듯 일상의 어떤 순간에는 반드시 '살아남아야 하는' 순간들이 있었다. 아마 이런 어린 시절의 다양한 경험들 덕분에, 청소년기를 지나 성인이 된 민들레는 스스로 생존력을 갖춰야 한다고 생각하게 되었는지도 모른다.

그래서 나는 20대에 대학을 다니며 공부하는 동시에, 그 외에 다양한 '플러스알파' 능력을 갖추려 애썼다. 예를 들어, '혹시라도 내가 집안의 가장이 된다면, 수박 장사라도 할 수 있어야 하니 운전면허가 필요하다'라며 운전면허를 땄고, '식당에서 아르바이트라도 하려면, 조리사 자격증이 있으면 좋겠다'라는 생각으로 요리학원에 다니며 한식과 양식 조리사 자격증을 취득했다.

그런데 사실 과일가게나 식당에서 일해본 적은 한 번도 없었고, 요리 실력은 형편없어 조리사 자격증을 가진 나를 두고 남편은 "민들레와 사기 결혼을 했다"라고 웃으며 말했다. 그러거나 말거나, 나는 할 수 있는 '플러스알파'를 하나씩 장착할 때마다 성취감을 느꼈고, 그 과정에서 생존력까지 함께 단단해지는 것을 느꼈다.

어느 날, 일어나지 않은 일들을 가정하며 늘 열심히 생존을 위해 준비하는 내가 문득 궁금했고, 그 궁금증을 풀기 위해 시작한 것이 심리학 공부였다. 심리학을 공부하며 즐거웠다. 모든 심리이론을 나에게 적용하며 공부했던 시간은 나를 하나씩 되돌아보는 성찰의 시간이 되었다.

그 속에서 나의 메말라 있던 틈을 발견하게 되고, 생소했던 모습을 마주하며 의외로 잘 살아온 자신에 놀라기도 했고, 여러모로 내가 쓸모 있는 용도로 살아왔다는 사실에 기특하기도 했다. 그렇게 다양한 경험을 하고 여러 분야로 돌고 돌아 나는 지금 여기 심리상담사 민들레로 뿌리를 내리고 있다.

상담하며 다양한 민들레들을 만나지만, 그중 마음이 쓰이는 민들레는 힘든 상황과 역경에서도 자신을 잃지 않기 위해 애쓰는 내담자들이다. 그들이 잘 이겨내리라 응원하는 마음으로 조력하기 위해 내 마음을 살포시 건넬 뿐이다.

어쩌면 시작은 우리가 알 수 없는 것들, 할 수 없는 것들로 채워져 있는지도 모르겠다. 자기의 의도와 상관없이 민들레 씨앗이 바람에 날려 자리를 잡은 것처럼, 뱃속의 민들레가 전쟁으로 아버지를 잃은 것처럼, 아기 민들레가 큰집으로 잠시 입양을 갔던 것처럼, 우리가 모두 IMF를 맞은 것처럼 말이다.

이야기하고 보니, 시작은 마치 시련과 같은 느낌이 든다. 아마도 지금 우리가 꽃피우고 있는 민들레는 바람이라는 시련의 시작이 있었기 때문에 가능했을지도 모른다. 그 시련에 맞서기 위해 민들레는 더욱 깊이 뿌리내렸을 테니 말이다.

자신이 처한 힘든 상황에서도 굳건히 자리를 잡고, 아래로는 깊이 뿌리를 내리고 위로는 세상에 자신이 존재하고 있음을 알리는 당신도, 나도, 우리는 모두 어쩌면 애쓰고 있는 민들레.

오늘도 내일도, 최선을 다해 피어날 민들레

베이비붐 세대였던 우리 시대의 학교에는 늘 치열한 입시 경쟁이 있었고, 교실 벽마다 "최선을 다하자", "최선을 다해 최고가 되자" 같은 구호가 붙어 있었다. 그 시절 '최선'은 하나의 시대정신처럼 강조되었다.

우리 집의 청년 민들레 또한 다르지 않았다. 그는 자녀들에게 "결과가 어떻든 언제나 최선을 다하라"라는 말을 습관처럼 하셨다. 공부뿐 아니라 체육, 집안일, 동생 돌보기까지 삶의 모든 영역에서 그 가르침을 되새기게 하셨는데, 돌이켜 보면 그 말씀 속에는 아마도 '부지런함'의 가치를 전하고 싶으셨던 게 아닐까 싶다.

초등학생이던 나는 청년 민들레의 작은 그림자였다. 아침 일찍 일어나 동생을 챙겨 학교에 데려가고, 담임선생님의 은행심부름도 능숙하게 해냈다. 또래보다 키는 작았지만, 악바리 근성 하나로 체력장 윗몸일으키기와 오래달리기에서도 늘 좋은 성적을 거두었다. 숨이 턱까지 차올라도 "최선을 다해야지"라는 아버지의 말씀이 나를 이끌었고, 그 말은 어느새 내 안에 신념처럼 각인되어 있었다.

최선을 다하면 늘 좋은 결과를 얻었던 초등학교 시절과는 달리, 청소년기에 들어서면서부터는 이야기가 달라졌다. 더 큰 노력과 인내를 쏟아부었지만 학업 성적도, 또래와의 관계도 원하는 결과를 주지 않았다. 대입 시기가 가까워질수록 초조함은 배가되었고, 하루에 두 시간 남짓 자며 공부하거나, 새벽을 뜬 눈으로 맞이한 날도 많았다.

하지만 들인 시간과 노력만큼 성과가 따라오지는 않았다. 그때 처음으로 단단했던 내 신념에 균열이 생겼다. '결과가 따라주지 않는데, 최선을 다하는 게 무슨 의미가 있지? 과연 무슨 소용이 있단 말이지?'라는 질문이 나를 사로잡았고, 뒤늦게 찾아온 사춘기와 함께 극심한 정체감 혼란을 오래 겪었다.

아이러니한 것은, 그렇게 흔들리고 방황하는 심리 속에서도 나는 여전히 주어진 상황에서 최선을 다하고 있었다는 점이다. 일탈을 꿈꾸면서도 실제로 행동에 옮기지 못할 만큼 겁이 많았고, 한편으로는 '그래도 끝내 최선을 다하면 좋은 결과가 있을 거야'라는 오기 어린 믿음이 내 안에 남아 있었다. 어쩌면 그 믿음 때문에라도, 좋은 결과를 만들어 내기 위해 다시금 최선을 다해 살아왔는지도 모른다.

최선을 다했는데도 결과가 비껴가면, 누구라도 억울하고 슬픈 감정을 느끼는 게 당연하다. 그 순간에는 '내 노력이 부족했구나, 다음에는 조금 더 해보자'라고 담담히 정리하기는 어렵다. 오히려 '다시는 하지 말아야지!' 하고 씩씩거리며 등을 돌리고 싶다가도, 어느 순간 툭툭 털고 일어나 다시 한번 시작해 보는 것이 우리의 일반적인 모습일지도 모른다.

최선의 노력과 실패, 좌절, 그리고 다시 일어서는 재도전의 반복이 지금의 나를 만든 것 같다. 민들레가 한 번 피고 지면 다음 계절에는 더 풍성한 잎을 내고, 더 높이 꽃을 피우며, 더 많은 씨앗을 흩날리는 것처럼 말이다.

지나온 과정을 되돌아보면, 단번에 이루어진 것은 하나도 없었다. 크고 작은 갈림길마다 직진할지, 돌아서 갈지를 매번 선택해야 했고, 때로는 열심히 들어선 길이 결국 원점으로 돌아오는 경우도 많았다. 그러나 그 길에서 겪었던 시련과 실패는 오히려 나를 단단하게 단련시킨 무기가 되었다.

나를 시험대에 세웠던 수많은 실제 '시험'들과 수련의 순간들을 버텨낼 수 있었던 힘은, 단순히 '최선을 다하면 반드시 좋은 결과가 있을 거야'라는 반항심 어린 오기의 신념 때문만은 아니었다. 하루에 두 시간밖에 자지 못해도 종일 책상 앞에 앉아 버텼던 몸이 기억하는 엉덩이의 힘이 있었고, 일탈의 충동을 더 나은 미래 계획과 전략으로 승화시킨 내 나름의 지혜도 있었다.

돌아보면 결과는 언제나 내 통제 밖의 영역에 있었고, 내가 할 수 있는 것은 오직 지금, 이 순간 최선을 다하는 과정뿐이었다. '최선'이라는 단어를 찾아보니 '가장 좋고 훌륭함'이라는 결과적 의미와 함께 '온 정성과 힘'이라는 과정적 의미도 있다는 것을 알게 되었다.

그래서 청년 민들레가 늘 강조했던 "결과와 상관없이 최선을 다하라"라는 말은 단순한 부지런함을 넘어 '네가 할 수 있는 일에 온 정성을 다해라'란 깊은 뜻이 담겨 있었음을 깨닫게 되었다.

뒤늦게 알게 된 사실이지만, 청년 민들레가 40년 넘게 운영했던 회사의 이름 '정성○○'에도 바로 그 마음이 고스란히 담겨 있었다. 지금은 사라져 버린 간판이지만, 그 이름 속에는 자신에게, 그리고 자식들에게 늘 해주던 그 한마디가 따뜻하게 살아 있었다.

삶이 이어지는 한 우리는 자신이 하고 싶은 일을 하며, 할 수 있는 만큼의 노력을 다한다. 나 또한 그러했고, 앞으로도 그러할 것이다. 그 과정에서 누군가는 더 빨리 피어나고, 누군가는 조금 늦게 꽃을 피울 수 있으며, 꽃의 크기 또한 다를 수 있다. 그래서 실패와 좌절을 또다시 경험하게 될지도 모른다.

그러나 결과는 내가 통제할 수 없는 영역에 속한다는 것을 알기에, 이제는 내가 할 수 있는 과정의 영역에서 온 정성과 힘을 다해보려 한다. 그러다 보면 늦게 피어나더라도 더 많은 씨앗을 품어낼 수 있으리라 믿는다. 무엇보다 소홀히 해왔던 나 자신의 애씀을 결과만큼이나 소중히 바라보고, 애써준 나를 정성껏 보살피려 한다.

그리고 언제든 예기치 못한 일이 닥치더라도 그것을 애써 피하거나 없애려 하기보다, 당황하지 않고 곁에서 함께 견디며 비켜서지 않을 수 있도록 마음의 힘을 길러야겠다. 어쩌면 예상치 못한 그 일이 뜻밖의 행운으로 다가올지도 모르기 때문이다.

언젠가 내가 품어낸 작은 씨앗들이 바람을 타고 훌훌 멀리 날아가는 순간이 오리

라. 그때 나는 '슬프고 아쉽다'라고 말할지, 아니면 '그동안 내 안에 머물러줘서 고맙고 행복했다, 잘 가'라고 말할지는 아직 알 수 없다. 다만 그 순간이 순조로운 바람 속에서 따뜻한 작별이 될 수 있도록, 오늘도 나는 정성을 다해 꽃을 피우고 작은 씨앗을 하나하나 모아 두려 한다.

나는 오늘도, 그리고 내일도 최선을 다해 피어날 민들레.

민들레 둘, 고혜인

소개

- 교육학(상담심리전공) 박사
- 사단법인 제주국제명상센터(한국상담학회 교육연수기관) 상담교육원장
  제주대학교 교육대학원 교육학과 강사
- 청소년상담사 1급, 임상심리사 1급 외
- 한국상담학회 지역학회 제주상담학회 회장, 제주대학교 학생상담센터 객원상담원
  탐라교육원 꿈샘학교 학생상담지원 강사, 대법원 법원행정처 아동 관련 전문가
  재난심리회복지원센터 심리상담사
- 심리검사 특강 및 심리교육, 심리평가 및 개인상담, 가족상담, 집단상담, 부모 교육 등 다수 진행

연락처

메일: thedoor_kr@naver.com
블로그: 〈심리치유공간, 더도어〉 https://blog.naver.com/thedoor_kr

품은 마음

가장 자기답게, 가장 이기적으로 뿌리를 키우는 순간이
결국 가장 멀리 사랑을 나누는 순간이 된다.

민들레 홀씨처럼

어느 날, 우리 아이들이 이모에게 심각한 얼굴로 말하는 이야기를 듣게 되었다. "이모, 난 어른 되고 싶지 않아. 어른이 되면 엄마처럼 공부해야 하고, 아빠처럼 일해야 하잖아. 그건 너무 힘들 것 같아. 우린 지금 너무 행복한데…. 그리고 중학교나 고등학교 가면 수학이 더 어려워질 거잖아 …."

둘째가 이렇게 말하자, 옆에서 잠시 생각하던 셋째가 덧붙였다.

"근데… 난 빨리 나이가 들어서 할머니가 되고 싶어. 우리 가족 중에 할아버지가 제일 행복해 보여. 할아버지는 집에만 있고, 일도 안 나가고 학교도 안 가잖아. 아침에 일어나서 여유 있게 아침밥도 먹고, 뉴스도 보고, 가끔 촌에 가서 정원에 물 주고, 산에 가고 사진 찍으러 다니고 … 주일에 성당에만 가면 돼."

아이들의 말속에 '인생의 단계'가 담겨 있었고, 인생은 어쩌면 민들레의 생애와 닮아 있었다. 작은 씨앗이 흙 속에서 움트고, 연약한 잎이 햇빛을 향해 고개를 들고, 노란 꽃이 세상을 향해 활짝 피어난다. 그러다 때가 되면 꽃잎을 내려놓고, 하얀 홀씨가 되어 바람을 타고 흩어진다. 그 순간 민들레는 자신이 가진 것을 온전히 내어주며 또 다른 생명을 피워낸다.

민들레가 어디서 왔고, 어디로 가는지를 생각하다 보니, '민들레 홀씨'를 떠올리게 되었다. '민들레 홀씨'는 바람과 싸우지 않고, 그저 바람이 가는 대로 몸을 맡기며, 그 여정이 삶의 일부임을 안다.

그 홀씨는 아직 가보지 못한 곳이지만 바람을 믿고, 그 바람이 나를 꼭 필요한 곳으로 데려갈 것이라 믿으며 멀리, 그리고 넓게 퍼져간다. 소리를 내지 않고 아무도 모르게 땅에 내려앉아 새 생명을 틔우고, 가장 빛나던 순간이 지나도 자신을 온전히 내어

준다. 내 마음과 지혜, 온기를 남겨 누군가가 다시 꽃을 피울 수 있도록 …

나는 스스로 이제 더 이상 행복한 '아이'의 단계가 지났다고 느껴질 때부터, '나는 어디서 왔으며, 어디로 가는가?'란 질문을 계속해 왔던 것 같다. 그리고 인생의 목적과 가치, 의미에 대해 늘 고민했다. 인생의 단계마다 위기의 순간은 늘 있으며, 그 위기를 어떻게 극복하는지가 중요하다는 것을 알게 되었다.

그 순간순간을 좀 더 촘촘하고 세심하게 음미하고 싶다. 지금 내 인생의 단계는 육아와 일로 힘든 시기인 것이 분명하다. 그러나 그 힘든 시기조차도 그 힘듦을 즐기고 싶다. 나는 아이들이 자기의 생각과 감정을 말과 행동으로 표현하는 순간이 재미있고 신기하다고 느껴진다.

아직 딱딱한 껍질 속에 있는 씨앗 같은 어린 날들, 어둠 속 흙을 뚫고 어린잎을 내밀던 순간의 경이로움, 생명이 껍데기를 깨고 세상과 첫인사를 나누는 그 순간은 얼마나 놀랍고 찬란한가. 아이가 내게로 온 순간들이 떠올랐다. 같은 유전자이지만 너무 다른 기질과 성격을 형성해 나가고 있는 세 민들레이다.

'나는 누구일까?'란 질문에 내가 어떤 사람인지 알게 해주는 건 타인과의 관계에서 정립되는 듯하다. 나의 가족은 나를 아내로서, 엄마로서 역할을 마땅히 해야 할 존재로 보기 전에 나를 있는 그대로 인정해 주고, 나의 부족함도 수용해 주고 있다. 그래서 나는 지금 내 모습이 만족스럽다.

고혜인은 고혜인

가정에서 나는 남편을 부를 때, "여보!"라고 부르거나 이름 뒤에 '~씨'를 붙여 부른다. 나의 남편은 나를 부를 때, "혜인아!"라고 이름을 부른다. 첫째 아이가 어느 날 "엄마!"를 계속 불렀지만 내가 대답을 해주지 않자, "혜인아!"라고 불러서 웃은 적이 있다. 그 이후 아이는 가끔 "고혜인 엄마!"라고 나를 부를 때가 있다.

한국 문화에서 자녀가 어머니의 이름을 부르는 건 무례해 보일 수 있지만, 나는 아이의 행동을 수정해 주지 않았다. 누구의 아내와 누구의 엄마도 중요하지만, '고혜인'이라는 정체성을 좀 더 누리고 싶었던 것 같다.

아이가 버릇없이 집 밖에서도 그렇게 부르면 어떡하냐는 누군가의 걱정과는 다르게, 다행히도 아이는 나름의 분별력이 생겨서, 나를 '고혜인!'이라고 불러도 될 때와 그러면 안 되는 때를 알고 적절히 눈치껏 내 이름을 부른다.

내 여동생이 내게 붙여준 별명이 '스웨터 같은 여자'이다. 따뜻함이 연상되지만, 실제 숨은 의미는 '구멍이 많은 여자'란 뜻이 담겨 있다. 얼마나 센스있는 별명인가. 어느 날, 이 별명을 알게 된 동료 선생님께서 우리 아이와 내 이야기를 나누다가 "○○엄마는 잘하는 게 많지 않아?"란 질문에, "그렇긴 한데, 뭔가 할 때 하자가 발생해요."라 했단다. 이에 동료 선생님은 웃으면서, "너희 엄마는 스웨터 같은 여자지." 했더니, "네, 맞아요. 우리 엄마는 연근 같은 여자예요."라고 했다고 한다.

그 이야기를 전달받고, 순간적으로는 '연근은 구멍이 너무 많은데!'란 생각이 올라왔지만, 내 모습을 그렇게 표현한 아이의 말에는 '우리 엄마 구멍 많은 건 고칠 수 없다. 그거 고치려면 다시 태어나야 하니, 내가 그 모습 그대로 받아들이고 살아야 한다. 그래도 난 그런 엄마가 그냥 좋아요.'라는 의미가 담겨 있는 듯해서 고마웠고 재미있었다.

여름방학이 되자, 세 아이가 집 안에만 있으니 심심해하는 듯하여, 하루는 버스를 타고 대형 서점에 가고 있었다. 버스를 타자마자, 첫째는 버스 안쪽 높은 의자에 자리를 차지하여 앉았고, 둘째는 오빠를 따라 옆에 앉았다. 앉을 자리가 없어서 나와 막내는 서 있었다. 그때 나의 휴대선화 벨 소리가 울렸고, 약속을 잡아야 하는 중요한 전화였기에 얼른 전화를 받아 응대하였다.

가방 속에 있는 전화기를 꺼내어 귀에 갖다 대는 그 순간, 버스가 갑자기 멈춰 섰고, 내 몸은 휘청거렸다. 그때, 내 옆에 있던 막내 아이가 나를 잡아줘서 다행히 넘어지지 않았다. 버스에서 내리고, 서점을 향해 걸어가며 막내가 내게 물었다.

"엄마는 위험하게 버스에서 전화를 왜 받아?"
"아. 중요한 일로 전화가 온 거여서 받아야 했어."
"엄마는 일이 중요해? 내(엄마의 몸)가 중요해?"

인생에서 무엇이 중요한지를 정확하게 아는 것 같은 아이의 질문에 말문이 잠시 막혔다.

"내 몸이 중요하지. 우리 ○○는 그걸 정확하게 알고 있네!
엄마가 알려주지 않았는데, 이런 걸 어떻게 알았지? 우리○○, 너무 똑똑해!"

그 말에 아이는 자신의 어깨를 으쓱했다.

아이들이 나를 어떻게 바라보는지, 내게 어떤 말을 하는지를 유심히 듣다 보니, 아이들은 '나'를 나로 봐주고 있었다. 나도 아이들을 그렇게 봐주어야겠다. 아이들이 어떤 곳에서 어떤 일을 하며, 자신을 꽃 피우고, 더 나아가 민들레 홀씨처럼 누군가에게 자신을 온전히 내어주는 그런 삶을 살아갈 수 있도록 돕는 어른이 되어야겠다.

아이들을 키우는 과정은 내가 키워지는 과정이기도 했다. 겉으로는 내가 아이들을 돌본다고 보일 수 있으나, 아이들이 나의 정서를 돌봐주고 있었다. 아이들은 나를 판단하거나 비난하지 않았으며, 나를 조건 없이 좋아해 주었다.

이러한 경험은 내가 무엇인가를 성취해 내고 이뤄내야만 필요한 존재가 아닌, 존재만으로 누군가에게 안정감과 편안함을 줄 수 있다는 것을 깨닫게 하였다. 그래서 누군가를 돌보기 위해서 가장 먼저 챙겨야 할 사람은 자신이기도 하다. 아이와 하루 종일 함께 놀아주려면, 부모의 체력이 중요하듯, 아이의 마음을 잘 돌보려면, 부모의 마음의 근력도 중요한 것이다.

그리고 부모의 단단한 마음 근력 안에서 아이들이 자신의 존재를 있는 그대로 존중받는다고 느낄 때, 자신의 삶을 자신 있게 선택하고 결정할 것이다. 또한 타인을 존중하며 함께 세상을 살아갈 준비를 해 나아갈 수 있을 것이다.

민들레도 먼저 스스로 뿌리를 깊이 내리며 자신을 돌본다. 땅속에서 자기에게 필요한 영양과 물을 충분히 머금은 후에야 꽃을 피우고, 홀씨를 흩날린다. 뿌리가 약하면 꽃도, 홀씨도 오래 버티지 못한다. 그래서 가장 자기답게, 가장 이기적으로 뿌리를 키우는 순간이 결국 가장 멀리 사랑을 나누는 순간이 된다.

민들레가 가장 자기답게 뿌리를 내릴 때 가장 멀리 홀씨를 날리게 되는 것처럼, 나는 나를 그렇게 돌보고 있는가, 그리고 내 아이들을 그렇게 바라보고 있는가를 돌이켜 보게 된다.

어디에 있든, 너는 그저 민들레

우리 집 첫 번째 민들레는 사춘기의 문턱에 선 호기심 많은 씨앗 민들레다. 겉으로는 나와 키가 비슷해졌고, 호기심 많던 어린이 표정은 사라졌다. 그래도 평소에는 차분하고 무표정으로 있다가 가끔 웃을 때면, 어렸을 때의 그 아이 표정이 다시 살아난다.

아마도 "나는 누구인가?"란 질문이 자라나기 시작한 것 같다. 마치 아직 흙 속에 있으면서도 밖을 궁금해하며 껍질을 깨뜨리려는 씨앗 민들레처럼, 첫째 아이는 자기 세계를 향해 조심스레 시선을 넓히고 있다. 가끔은 자기 방에 들어가 친구들과 게임을 하며 시간을 보내고 싶어 하고, 가끔은 새로운 악기와 운동을 배우고 싶다며 눈을 반짝인다.

친구들과 공익 광고 영상을 만들거나 영화 만들기에 빠져 있기도 하고, 밴드 동아리에서 드럼을 맡아 공연 준비로 바쁜 시간을 보내기도 한다. 그 아이는 학교 단체 줄넘기 부에 들어가, 남자 선수가 부족해 선수로 뛰지 못하는 것을 아쉬워하지만, 여자 선수를 응원하기 위해 대회에 참여하고, 자기 팀을 응원하며 목소리가 다 쉬어 오기도 한다.

우리 집 둘째 민들레는 신중하고 성실한 잎사귀를 가진 민들레다. 성격이 조심스럽고 진지하며, 자신이 마음을 섬세하게 표현한다. 어떤 일이든 대충 넘어가지 않고, 꼭 확인하고 정리하려는 꼼꼼함이 있다.

마치 땅 위로 올라온 어린 민들레잎이 햇빛과 바람을 차근차근 받아들이는 모습처럼 둘째는 삶의 자극을 서두르지 않고 충분히 음미하며 흡수한다. 조금 느린 듯 보이지만 뿌리를 단단히 내려가고 있다는 증거이기도 하다.

어느 날 둘째가 수학 문제를 풀다가 말했다.

"엄마! 나 1학기 때 분수 단원 평가 90점 받았어."
"오! 90점이나 받았어?"
"응. 근데 우리 반 평균 점수가 92점이래."
"아…."
"엄마, 평균 점수가 92점인 게 말이 돼?"
"그러게. 수학 문제가 쉬웠나 보다.
그래도 엄마는 네가 90점 받은 게 너무 기쁘고,
평균 점수가 92점인 걸 알고 속상할 수는 있지만, 그 마음을 이겨내고
계속 수학 문제를 풀려고 하는 꺾이지 않는 네 마음이 너무 자랑스러워!"

둘째는 여름방학 동안, 본인이 세웠던 분량의 공부, 독서, 운동 이 세 가지를 한 번도 미루지 않고 해내는 모습을 보여주었다. 수학 문제를 푸는 과정에서 이해가 되지 않으면, 이해될 때까지 생각하고, 채점한 후 틀린 문제가 있으면 꼭 오답 노트를 쓰는 모습을 보여주었다.

둘째는 자신이 생각하는 감정과 생각을 자신의 독특한 방식으로 표현하기도 한다.

"엄마! 방학이 너무 짧은 거 같아.
방학은 적어도 '아. 심심해. 이제 학교 가고 싶다.'란 마음이 들어야
방학이라고 할 수 있는 거 같아."란 말로 나를 웃게 만들기도 한다.

우리 집 셋째 민들레는 빠르고 밝게 피어나는 꽃 민들레이다. 셋째 민들레는 반응이 빠르고 늘 당당하고 밝은 모습을 보여준다. 새로운 일에도 겁내지 않고 금세 뛰어들며, 주변 사람들을 웃게 만드는 에너지가 있다.

마치 봄 햇살 아래 가장 먼저 노란 꽃을 피워내는 민들레처럼, 이 아이는 집안의 분

위기를 밝게 만든다. 빠른 성격이 때로는 성급함처럼 보일 수 있지만, 그 밝음과 순발력은 가족에게 기쁨을 주는 특별한 힘이기도 하다.

막내는 뭔가 "나 여기 있어! 괜찮아!"라고 말해주는 안정감과 편안함을 주는 환한 민들레꽃과 같다. 누가 다가와도 금세 환하게 웃고, 그 웃음이 씨앗처럼 옆 사람에게 전해진다. 그래서 이 아이 옆에 있으면 하루가 재미있고, 더 따뜻해진다.

부모가 아이에게 줄 수 있는 가장 큰 유산은 '내가 부모로부터 사랑을 받았다는 기억'이라고 생각한다. 또한 나는 내 아이들이 청소년기, 성인이 되어도 부모 세대와 좋은 관계를 유지하고 소통하기를 원한다. 이러한 이유로 지금의 삼남매 모습을 늘 기록하고 남겨 놓고 싶어 한다. 이러한 기록들은 어쩌면 나 자신을 위한 일이기도 하다.

'아이를 키운다는 건 지나간 시간을 선물 받는 일'이란 말이 있듯이, 아이들을 통해 나의 어린 시절에 즐거웠던 추억과 내가 함께한 부모님, 할머니를 다시 꺼내 올 수 있다. 비록 나의 어린 시절은 지나가 버렸지만 계속해서 진행 중인 가족 간에 사랑을 여전히 느끼고 싶다.

나를 사랑하고, 가족을 사랑하고, 친구를 사랑할 때, 타인을 돕고 싶은 마음도 저절로 생겨난다. 올해 초 필리핀 시아르가오에서 우리 아이들과 한달살이를 할 때, 인근 학교와 동네 아이들에게 물품을 나눠주고, 동네 아이들과 '숨바꼭질', '술래잡기', '무궁화 꽃이 피었습니다.' ,'쎄쎄쎄', '공기놀이' 등을 하며, 함께 어울려 놀았다.

우리 아이들은 호텔이 아닌 게스트하우스에서, 진흙을 밟고 세탁소와 마트를 오가며, 많은 불편함을 경험했고, 한국 생활에서의 편안함과 풍요로움에 다시 한번 감사함을 느끼며 돌아왔다.

아이들은 참 신기하다. 어디로든 뛰어가고 싶은 발을 가졌으면서도, 마음이 머물러야 할 곳에 오래 머물러 있는다. 그 여행 이후 아이들은 풍요로운 여행에서의 경험보다 그 지역의 아이들 이름을 더 많이 기억하고 있었다.

세 민들레 모두, 그 자리에 있으면서도 때가 되면 민들레 홀씨처럼 자신의 따뜻함과 빛을 멀리까지 흘려보낼 것이다. '나눔'의 다른 이름이 '사랑'이라는 걸, 이 아이들은 나에게 매일 가르쳐 주고 있다. 내 기준과 마음에 들지 않는다고, 뿌리를 뽑아 다른 곳으로 옮겨 버리거나, 자신의 모양을 훼손시키지 않도록 내가 더 조심해야겠다.

나의 걱정과 불안, 나의 가치와 신념 등을 내려놓고, 지금, 이 순간 반짝이는 눈으로 호기심을 가지고 아이들을 바라봐야겠다.

첫째 민들레는 지금 자기 길을 찾는 중이고, 둘째 민들레는 단단히 뿌리를 내리며 자라는 중이며, 셋째 민들레는 주변을 환히 밝히고 있다. 언젠가 세 민들레 모두 홀씨가 되어 자신이 받은 사랑을 세상 곳곳으로 나누게 될 것이다. 그 나눔의 시작은 지금 이 자리에서, 아이들이 민들레처럼 "그 자리에서 자기다움으로 있는 것"이다.

민들레 셋, 김경아

소개

- 인터치상담소 수련상담사
- 철학 박사과정(목회상담전공)
- 한국상담학회 2급 수련 중
- 한국복음주의상담학회 2급 수련 중

연락처

메일: joykka0301@naver.com

품은 마음

즐거워하는 자들과 함께 즐거워하고 우는 자들과 함께 울라.

민들레와의 눈 맞춤

연둣빛 잎이 살며시 얼굴을 내밀었다.

"어머, 어디서 왔니?"
"어쩜, 이렇게 기특하지?"

나도 모르게 속삭이듯 말을 건넸다. 언제 어떻게 이 자리에 와 뿌리를 내렸는지는 알 수 없지만, 작고 여린 몸이 세상 밖으로 고개를 들고 있었다. 주의 깊게 바라보지 않으면 놓치기 쉬울 만큼 작아 보이는데, 그 작은 씨앗이 땅을 뚫고 두터운 흙을 비집고 나왔다는 사실이 놀랍고도 신비롭다.

그 기특한 생명 앞에서 나는 연신 "애썼다, 수고했다, 대단하다"라고 감탄하며 바라보았다. 그러다 문득, 이렇게 사랑스러운 눈빛으로 민들레를 바라보면서도 왜 정작 나 자신을 향해서는 그런 눈빛을 보내지 못했는지 깨닫게 되었다.

나는 인생 2막을 시작한 초심 상담사이다. 어쩌면 나야말로 이제 막 싹을 틔운 민들레인지 모른다. 상담사라는 땅에 뿌리를 내리고 살포시 땅 밖으로 고개를 내민 것이다. 후후, 입김을 불어주는 바람을 따라 내려앉은 곳이 바로 이 자리다.

교회 사역을 하면서 만난 목사님의 권유, 남편의 적극적인 지지, 그리고 묵묵히 따라와 준 자녀들의 입김이 모여 나를 이곳에 뿌리내리게 했다. 하지만 '상담사'라는 싹을 틔우기까지 연약한 몸짓으로 땅을 뚫고 나온 나를, 나는 민들레를 바라보던 그 눈빛으로 보지 못했다.

시댁 어른들의 현실적인 조언, 사회의 차가운 시선, 점점 커지는 경제적 부담, 그리고 가족을 돌봐야 한다는 책임감이 내 어깨를 점점 더 무겁게 짓눌렀다. 민들레 씨앗이 땅속 깊이 보이지 않게 뿌리를 내리고 잎을 틔우듯, 나 역시 조용히 상담사의 열매를 맺기 위해 뿌리를 내리고 잎을 키우는 시간을 보냈다.

그러면서도 '오십이 넘은 나이에 뭘 하겠다고 새로운 길에 들어선 걸까', '언제쯤 꽃을 피우고 씨를 맺을 수 있을까… 아니, 그날이 오기는 할까'라는 생각이 나를 조급하게 만들었다. 나는 나를 끊임없이 다그쳤고, 기대에 미치지 못하면 채근하며, 앞만 보고 달렸다.

대견하게, 기특하게, 사랑스럽게 바라봐 줄 틈 없이. 그러나 이제는 조금 달라졌다. 이제 막 움튼 나를 있는 그대로 바라보고, "그래, 잘하고 있어"라고 말해줄 수 있게 된 것이다.

나와의 눈 맞춤

이전에는 '이 나이에 무얼 할 수 있겠어', '얼마나 할 수 있다고'라는 말이 늘 내 마음 한구석을 차지하고 있었다. 새로운 길을 걷는다는 것, 그것도 인생 절반이 훌쩍 지난 나이에 전혀 다른 길에 들어선다는 건 스스로를 의심하게 만들기에 충분했다.

주변의 우려 섞인 시선과 내 안에서 자신을 재단하는 냉정한 목소리는 하루에도 몇 번씩 내 발목을 잡았다. 마치 내가 민들레 씨앗이라기보다, 이미 제철이 지난 잎사귀라도 된 듯, 시작도 전에 지는 기분이 들 때도 있었다. '다른 사람들은 더 젊고, 더 많은 걸 할 수 있는데, 나는 이제 얼마나 남았다고' 하는 생각이 습관처럼 따라붙었다.

하지만 민들레를 바라보면서 마음이 조금씩 달라졌다. 지금은 '가는 데까지 가면 돼', '여기까지도 잘 왔어'라는 속삭임이 더 크게 들린다. 그 말은 마치 따뜻한 손길이 내 등을 부드럽게 쓰다듬는 것 같고, 그동안 자신을 향해 들이대던 날카로운 잣대를 조금씩 내려놓게 만든다. 민들레가 내게 알려준다.

모든 생명에는 저마다의 속도가 있고, 그 속도는 결코 늦지도 빠르지도 않다고. 싹을 틔울 때는 오직 그 일에만 집중하면 되고, 잎이 돋을 때는 잎을 키우는 데 온 힘을 쓰면 된다고. 그렇게 하루하루를 지나고 나면, 어느 순간 꽃대가 오르고, 꽃이 피고, 씨를 맺는 시간이 찾아온다.

그 과정에서 중요한 건 '지금 내가 어디에 있는가'를 잊지 않는 것이다. 꽃을 피우지 않았다고 해서 존재가 빛나지 않는 건 아니다. 뿌리를 내리고 있는 시간에도, 햇살을 받으며 잎을 키우는 순간에도 이미 그 생명은 충분히 가치 있다.

민들레는 나에게 말한다.

"너는 지금 살아 있는 것만으로도 의미가 있어.
기다림 속에서도, 멈춤 속에서도, 그 자체로 충분해."

뿌리를 더 깊이 내리고, 몸을 단단히 세우며, 바람과 비를 견디는 시간 속에서 나는 이미 성장하고 있다. 꽃이 피는 날이 늦게 와도 괜찮다. 혹은 피지 않고 지나간다 해도 괜찮다.

그 모든 순간이 나를 이루는 과정이며, 그 과정 하나하나가 나라는 사람의 증거이기 때문이다. 민들레가 보여주는 이 단순하고도 묵직한 진리를, 나는 이제 내 삶에 그대로 품고 살아가고자 한다.

나는 마음속으로 다짐한다. 설령 꽃이 늦게 피더라도, 혹은 피지 못하고 조용히 지더라도 괜찮다고. 중요한 건, 그 순간에도 내가 나로 존재하고 있다는 사실이며, 그 자체로 이미 의미가 있다는 것이다. 상담사의 길은 여전히 멀고, 앞으로의 여정은 분명 고단하겠지만, 이제는 그 길 위에 서 있는 '있는 그대로의 나'를 받아들일 수 있다.

어디에 있든, 무엇을 하든 나는 여전히 나이고, 꽃이 피든 지든, 씨가 맺히든 맺히지 않든, 나는 나로서 충분하다. 민들레가 땅 위에 서 있는 것만으로도 봄을 알리듯, 나 역시 존재한다는 그 사실 하나만으로 이미 의미 있는 사람이라는 것을, 민들레는 조용히 가르쳐 주었다.

어디서든 민들레는 민들레

민들레는 바람이 데려다 놓은 자리에서 조용히, 그러나 당당하게 자신을 드러낸다. 수목 덮개 틈이든, 도로의 돌 틈 사이든, 기와집 지붕 위든, 민들레는 내려앉은 그곳에서 제 몫의 꽃을 피운다. 누가 봐주지 않아도 찬란한 노란빛을 뿜어내며, 마치 바람이 자신을 그 자리에 둔 이유를 알고 있는 듯 묵묵히 제 역할을 해낸다. 민들레는 어디서든 민들레다.

바람이 처음 나를 내려놓은 곳은, 3녀 1남 중 장녀의 자리였다. 초등학교 시절, 아버지의 사업 실패로 집안이 어려워졌고, 부모님은 장녀인 내가 실업계 고등학교에 진학하길 원하셨다.

공부를 제법 잘하던 나는 대학에 가지 못하게 된 현실을 받아들이기 힘들었고, 받아들이고 싶지도 않았다. 억울했고, 슬펐고, 절망스러웠다. 대학에 갈 수 없다는 사실이 나를 한없이 초라하고 비참하게 만들었고, 미래에 대한 어떤 희망도 품기 힘들었다. 그때 나는 내 인생이 끝났다고 생각했다.

하지만 바람은 나를 지금 이 자리, 철학박사(목회상담)의 길로 데려다 놓았다. 대학 진학을 바로 하지 못했지만, 그 갈증은 오히려 나를 공부로 이끄는 원동력이 되었다. 결혼 후 방송통신대학에서 영문학을 공부했고, 남편의 적극적인 지지 속에 늦은 나이에 대학 신입생이 되어 '선교 영어학'을 전공했다.

때로는 왕복 5시간을 오가며 강의를 듣고 공부했지만, 배우는 즐거움이 피곤함을 덮었다. 그렇게 졸업할 때는 수석이라는 영예를 안았다. 그때 시작된 배움은 멈추지 않고 이어져, 지금은 박사과정까지 걸어가고 있다.

나는 바람이 나를 둔 자리에서, 그때그때 피어났다. 익숙하지 않은 땅에서도, 때로는 척박한 땅에서도, 나의 색을 드러내며 '나로 존재하며 사는 법'을 배워왔다.

지금 나는 아들 셋, 딸 하나를 둔 엄마로 살아가고 있다. 네 명의 자녀를 키우며 수많은 한계와 부족함을 마주했고, 자책과 죄책감 속에서 괴로운 시간도 길었다. 상담 초심자로서도 비슷한 감정을 경험한다. 그럴 때마다 능력의 한계를 절감하며, 어린 시절 느꼈던 좌절이 불쑥 떠오른다.

그러나 지금의 좌절은 예전과는 다르다. 이 절망은 나를 주저앉히지 않는다. 오히려 수용전념치료(ACT)에서 말하는 '창조적 절망'처럼, 바람이 나를 둔 그 자리와 상황을 부정하거나 억지로 바꾸려 애쓰지 않고, 있는 그대로 받아들이는 지혜를 주었다.

늦었다고 조급해하지도 않고, 부족하다고 안달하지도 않으며, 실패할까 봐 염려하지도 않으면서, 나는 조금씩 경직된 모습에서 유연하고 부드러운 나로 변해간다. 어디에 있든, 어떤 상황이든, 나는 나답게 피어나면 된다는 용기가 생긴다. 이제는 결과보다 과정을 더 소중히 여기고, 속도보다 방향을 먼저 살핀다.

잠시 멈춰 서 있는 순간에도 뿌리는 여전히 자라고 있음을 믿는다. 그렇게 오늘의 작은 피어남이 내일의 더 깊고 넓은 꽃밭이 될 것임을, 바람에 실려 온 민들레가 조용히 가르쳐주고 있다.

내가 기대한 모습에 다다르지 못해도, 원하던 목표에 이르지 못해도, 나는 이미 땅속 깊이 뿌리를 내리는 수고를 했고, 두터운 흙을 밀치고 나와 싹을 틔웠으며, 꽃대를 세우고 나의 빛깔로 피어난 꽃이다. 그 여정 속에서의 모든 계절과 날씨, 햇빛과 비, 바람과 추위는 나를 민들레로 단단하게 키워왔다.

이제는 힘을 조금 빼고, 바람이 나를 이끄는 대로 흘러가려 한다. 속도가 더디고, 모습이 부족하며, 때로는 약해 보여도 괜찮다. 아니, 그래서 더 괜찮다. 그렇게 나는 오늘도 나답게 피어나고 있다.

엄마 민들레, 상담사가 되다

활짝 피었던 민들레도 때가 되면 조용히 꽃잎을 내려놓는다. 아무리 찬란한 순간이라 해도 그 아름다움을 영원히 붙잡을 수는 없다. 나 역시 언젠가 나만의 '질 때'를 맞이하게 될 것을 안다. 그래서 그 순간을 조금씩 준비하고자 한다.

상담사로서의 나는 이제 막 싹을 틔우고 잎을 펼치기 시작했지만, 삶의 나이로는 중년을 지나 서서히 노년을 향해 걷고 있다. 예전에는 나이 들어가는 일이 아쉽고, 서글프고, 때로는 두렵게 느껴질 때도 있었다. 하지만 그림책 『민들레는 민들레』를 읽으며, 그것이 꼭 슬픈 일만은 아니라는 사실을 새삼 느꼈다.

꽃이 지는 순간은 어쩌면 초라해 보일 수 있다. 그러나 '지는 것의 의미'를 다르게 볼 수 있는 눈이 있다면, 그 모습 또한 충분히 아름답다. 민들레가 지는 건 끝이 아니라 또 다른 시작을 알리는 순간이었다. 꽃이 져야만 씨앗이 생기고, 그 씨앗이 바람을 타고 새로운 땅에 내려앉아 다시 생명을 틔울 수 있다.

만약 꽃이 지지 않으려 고집한다면, 씨앗은 생겨나지 못하고 새로운 시작도 없을 것이다. 아름다움은 활짝 핀 절정 속에만 머무르지 않는다. 기꺼이 자리를 내어주고, 다음 생명을 위해 자신을 물러나게 하는 그 순간에도 고요하고 깊은 빛이 깃든다.

노년을 향해 가는 나 또한, 서서히 질 때를 준비하고자 한다. 상담사로서 아직 온전히 만개하지 못했더라도, 때가 되면 기꺼이 내려놓을 수 있다면 그것은 참으로 아름다운 일일 것이다. 남은 시간을 그저 버티며 흘려보내지 않고, 민들레처럼 자연스럽게 지는 순간을 준비하며 살아간다면, 나 역시 아름답게 질 수 있으리라 믿는다.

혹여 시드는 모습이 조금은 초라해 보일지라도, 그 순간을 담담하고 의연하게 받아들이며, 꽃송이 속에서 자라날 수많은 씨앗을 기대하는 것, 그것이 나에게는 오히려 깊은 보람이자 기쁨이다.

엄마로 살아온 시간도 민들레의 삶과 닮아 있다. 나는 네 명의 자녀, 아들 셋과 막내딸 하나를 두었다. 이제는 모두 성인이 되어 각자의 길을 걷고 있지만, 엄마 민들레로서의 시작은 배 속에 아이를 품던 순간부터였다.

아직 한 번도 보지 못한 아이였지만, 태어날 날을 기다리며 사랑과 정성을 다해 돌보았다. 그리고 아이가 세상에 나온 후에는 더 큰 수고가 뒤따랐다. 깊은 잠을 포기하고, 아이의 울음소리에 일어나 젖을 물리고, 젖은 기저귀를 갈며 온 마음으로 보살폈다. 아이가 아프기라도 하면 모든 일을 내려놓고 곁을 지켰으며, 돈도, 시간도, 정성도, 그리고 사랑도 아낌없이 쏟아부었다.

이제 나는 서서히 져가고 있다. 아이 넷을 낳아 키우는 동안 젊음은 어느새 지나갔고, 경력은 한때 멈춰 섰으며, 하고 싶었던 공부도 미뤄야 했다. 그렇게 나는 새로운 씨앗을 틔우기 위해 조금씩 꽃잎을 내려놓아 왔다. 이제야 알게 된다. 나는 피기 위해서만이 아니라, 언젠가 아름답게 지기 위해 피어났다는 것을. 그리고 잘 지는 것이야말로 참으로 깊은 의미를 지닌 삶이라는 것을.

'엄마'라는 자리에서 나는 '지는 법'을 배웠다. 이제 인생의 후반기, 바람이 나를 데려다 놓은 상담사의 자리에서 또 다른 생명의 씨앗을 품고 가꾸며, 나 또한 고요하고 단정하게 지기를 바란다. 그 씨앗들이 언젠가 자신만의 꽃을 피우고, 다시 새로운 생명을 품어낼 날을 마음 깊이 소망하며….

민들레 넷, 손향미

소개

- 위안심리상담센터 센터장
- 가족상담학과 석사, 중독융합학과 박사 수료
- 청소년상담사 1급, 한국상담학회 전문상담사 2급
- 가정법원 진단 전문가
- 대구국립디딤센터 부모 멘토
- 대구시교육청 학부모 강사
- 교육청 특별교육, 법원 수강명령교육, 성교육 등 강사

연락처

메일: we-an@naver.com

품은 마음

글을 통해 마음이 피어나는 순간을 만나고 싶습니다.

정원사가 된 씨앗

나는 심리상담사라는 씨앗이다. 지금 내가 뿌리내린 곳은 심리상담소다. 뿌리내릴 자리가 어딘지도 모른 채 바람에 날려 이리저리 떠돌다 결국 이곳에 다다랐다. 다행히 지금의 나는 단단히 뿌리를 내렸고, 마침내 꽃대를 올렸다. 꽃대가 막 올라온 이 시기가 내게는 가장 마음에 드는 시간이다.

어떤 꽃이 될까? 노란 민들레처럼 소박하고 강인한 꽃일까, 아니면 화려하고 희귀한 꽃일까? 아직 알 수 없다. 그래서 더 좋다. 불완전한 채로 기대하고, 부족한 채로 꿈꾼다.

언제 피어날지는 모르지만, 불확실함 속에서 기대와 설렘을 안고 살아가는 이 시간이 좋다. 앞으로 어떤 계절을 맞게 될지, 어떤 날씨 속에 서 있게 될지는 모르지만, 그 모든 과정을 기꺼이 받아들이며 즐기는 마음으로 살아내고 싶다.

새싹이었던 시절, 내가 보잘것없는 존재가 아니란 걸 증명하고 싶었다. 풍요롭고 예쁜 정원에서 햇살을 듬뿍 받으며 피어난 민들레들이 부러웠다. 나도 그곳에 피어난 민들레처럼 보이고 싶었다. 하지만 내가 자라난 곳은 평범한 꽃들이 있는 정원이 아니었다.

사람들의 발길에 쉽게 밟히는 길가, 안간힘을 써야 겨우 비집고 나올 수 있는 시멘트벽 틈새, 아무도 바라봐 주지 못하는 지붕 위. 나는 외롭고 척박한 땅에 태어난, 보잘것없는 민들레였다.

그곳을 떠나 예쁜 정원으로 옮겨가고 싶었다. 하지만 아직 어린 시절 꿈꾸던 풍요로운 정원에는 닿지 못했다. 대신 나는 지금, 정원 밖에서 자라는 다른 민들레들 곁에서 있다. 도로변에서, 시멘트 틈에서, 지붕 위에서 힘겹게 버티다 시들어 가는 민들레들, 스스로 민들레가 아니라고 믿으며 꽃 피우기를 포기한 민들레들.

그들의 이야기를 듣다 보면 과거의 안쓰러웠던 내가 떠올라서인지 마음이 쓰인다. 같은 마음과 처지를 겪어본 경험을 통해 그들의 아픔과 고통을 치유해 주고 싶다는 마음을 가지게 된다.

지금 나는 그들을 돌보는 정원사가 되었다. 부족한 물과 햇살, 영양과 바람을 만나도록 돕고, 때로는 부족함을 인정하며 그 환경 속에서도 자신만의 모습으로 자라도록 지지하는 일. 그것이 지금의 내가 하는 일이다. 그리고 어쩌면, 나의 씨앗이 이 자리에 내려앉은 이유도, 바로 이 일을 하기 위함이었을지도 모르겠다.

정원 밖 민들레의 꿈

내 씨앗을 이 자리로 데려온 바람은, 아마도 '인간다운 삶'에 대한 어린 날의 동경이었을 것이다. 내가 바라본 우리 집은 친구들의 집과는 너무 달랐다. 아버지는 하루 걸러 술을 마셨고, 엄마와 우리에게 폭력을 행사했다. 엄마를 괴롭히는 날이면 이웃들이 밖으로 몰려나와 웅성거렸고, 그런 밤이면 나는 우리 가족이 동네 사람들의 구경거리가 된 것 같아 깊은 수치심에 고개를 들 수 없었다.

친구들의 집은 다 평범하고 편안해 보이는데, 왜 우리 집만 이렇게 문제가 많을까. 이런 생각을 자주 떠올리곤 했다. 친구들이 태어나서 자라는 풍요롭고 예쁜 정원은 나에게 끝없이 부러운 세상이었다.

가정불화뿐만 아니라, 지독한 가난도 나를 부끄럽게 했다. 사춘기 시절, 여섯 식구가 단칸방에서 살고 있던 우리 집이 부끄러워 아무리 친한 친구라도 집으로 데려오지 않았다. 대로변에 위치한 그 시절의 집에는 사생활을 지켜줄 담이 없었다.

마당 수돗가에서 씻거나 화장실을 오갈 때면 집 앞을 지나는 버스 안 사람들과 인도를 걷는 이들의 시선이 내게 꽂히는 것만 같았다. 그 순간 나는 마치 동물원 속 구경거리인 원숭이가 된 듯한 기분이 들어 사람들의 눈길을 피했다.

나는 풍요롭고 예쁜 정원에서 태어나지 못했다. 거칠고 불편한 곳에 뿌리를 내려야 했고, 예쁜 정원 속 민들레가 늘 부러웠다. 초라한 곳에 피어난 민들레였던 나는, 그들과는 다른 민들레인 것만 같았다. 하지만 마음 깊은 곳에서 들려오는 목소리가 있었다. "나도 언젠가 예쁜 정원 속 민들레가 되고 싶다." 그 간절한 바람이 결국 나를 지금의 자리로 이끌었을 것이다.

지금의 나는, 꿈꾸던 예쁜 정원에 있지 않다. 하지만 지금 내가 뿌리내린 이곳에서 단단한 꽃대를 올렸고, 설렘 속에 꽃이 피어날 날을 기다리고 있다. 어떤 꽃이 될지는 알 수 없다. 노랗고 소박한 민들레일 수도, 조금은 다른 빛깔을 가진 민들레일 수도 있다. 그러나 분명한 것은, 그 꽃이 민들레라는 것이다.

나처럼 정원 밖에서 피어나고 자라는 모든 씨앗에게, 모든 민들레에게. 태어난 곳이 초라하더라도, 풍요롭고 예쁜 정원이 아니더라도, 어디에서 피었든 민들레는 민들레라고. 그리고 그 사실만으로도 이미 귀한 존재이며, 살아갈 이유가 된다고 말해주고 싶다.

들판 위의 민들레를 꿈꾸던 나

그림책을 넘기다 보면 들판 가득 민들레가 피어 있는 장면이 시선을 사로잡는다. 어쩌면 척박한 환경 속에서도 뿌리내려야 했던 나에게, 그곳은 내가 오래 꿈꿔온 풍요롭고 아름다운 들판처럼 느껴졌기 때문일 것이다.

한참 동안 그 들판을 바라보다 보니, 어떤 민들레는 유난히 키가 크고, 어떤 민들레는 꽃이 크고 화려해 나비와 벌을 불러 모으고 있었다.

그 사이에는 아직 꽃을 피우지 못해 아무런 관심을 받지 못하는 민들레도 있었다. 그 모습을 바라보며 문득, 만약 내가 소망하던 대로 예쁘고 풍요로운 들판 한가운데 서게 된다면 과연 어떤 마음이 들었을까 하고 생각해 본다.

다른 민들레를 바라보며, 어쩌면 나는 이렇게 생각했을지도 모른다. "저 민들레는 늘 많은 벌과 나비가 끊이지 않고 찾아오네." "난 아직 잎사귀만 겨우 만들었는데, 저 민들레는 벌써 꽃대가 올라왔네." "내 꽃은 왜 저 민들레처럼 크고 예쁘지 않지?" 나와 다른 민들레들을 비교하며 속상해하고 있었을까?

그리고 그 차이를 '다양함'이 아니라 '위·아래', '잘남과 못남'으로 생각했을지도 모른다. 늦은 나이에 공부를 시작하고 이 길에 들어서면서, 다들 나보다 앞서가는 듯하고 나만 뒤처지는 것 같은 불안감을 느꼈던 적이 있어서인지, 들판 속 민들레를 바라보며 과거의 나를 돌아보게 되었다.

하지만 지금은 알고 있다. 민들레에게 나비와 벌이 찾아오지 않는다고 해서 그 꽃이 민들레가 아닌 것은 아니다. 남들보다 더 빨리 피었다고 해서 더 가치 있는 민들레가 되는 것도 아니다. 모든 꽃과 민들레는 각자의 자리에서, 각자의 속도대로 성장하고 꽃을 피운다.

고개를 들어 내가 뻗어갈 더 넓고 푸른 하늘을 바라보고, 내가 뿌리내린 자리도 내려다보며 나라는 민들레가 서 있는 자리에 감사하려 애쓴다. 적어도 내가 뿌리내리고 선 흙은 오직 나만의 것이다. 나라는 민들레의 줄기를 스치는 바람과 햇빛도 나에게만 닿는 것이다. 그리고 그 자리에서 피어나는 나를, 나만의 속도로 성장시키고 사랑하는 법을 배워가고 있다.

'늘 풍요롭고 예쁜 정원을 소망했던 내가, 막상 그곳에서 뿌리내렸다면 정말 행복했을까?'에 대한 해답은 들판 속 민들레를 바라보며 과거의 나를 돌아보는 순간 알게 된 것 같다. 이제 나는 더 이상 풍요롭고 예쁜 정원을 꿈꾸지 않는다. '내가 뿌리내린 장소가 중요한 것이 아니라, 나를 있는 그대로 존중하고 아끼는지'가 더 중요하다는 것을 알게 되었기 때문이다.

들판 가득 민들레가 피어있는 장면을 다시 떠올린다. 멀리서 보면 속도가 빠르든 느리든, 크든 작든, 인기가 많든 적든 중요하지 않다. 모두가 다 똑같은 민들레로 보인다. 오히려 서로 다른 크기와 모습이 있기에 더 조화롭고 아름답다. 그 속의 나도, 다른 이들도, 모두 민들레는 민들레다. 그것이면 충분하다.

그냥 해, 그 마음 그대로

민들레 홀씨처럼 세상이나 타인에게 무언가를 남기거나 전해줄 수 있다면, 무엇을 남기고 싶을까 곰곰이 생각해 본다. 그런데 아무리 생각해도 선뜻 떠오르지 않았다. 남들이 원하거나 갖고 싶어 하는 특별한 재능이나 귀한 무언가가 내게는 없는 것 같았다.

무언가를 남기거나 전하려면 '그들이 원하는 것'이어야 하고, '도움이 되는 것'이어야 한다고 여겼기 때문이다. 그 기준으로 생각하니, 나는 남길 것이 없는 사람처럼 느껴졌다.

그러다 문득 이상하다는 생각이 들었다. 내가 자신에게 던진 질문은 분명 "내가 이 세상에 남기고 싶은 것은 무엇일까?"였는데, 어느새 그 질문은 "남들이 나에게 무엇을 원할까?"로 바뀌어 있다는 것을 발견하게 되었다. 돌아보니 나는 어디서든 내 마음보다 타인의 마음을 먼저 살필 때가 많았다.

오래전, 어떤 모임에 끼어 관광을 간 적이 있다. 그날 점심 도시락은 한 건강식품 회사에서 제공했는데, 조건이 있었다. 점심을 먹고 이동하는 버스 안에서 건강식품 홍보를 들어주어야 했다.

당시 나는 시력에 좋다는 블루베리 제품이 마음에 들어 구매하고 싶었고, 무엇보다 맛있게 먹었던 점심 도시락값도 후하게 치르고 싶었다. 하지만 빈약한 나의 재정 상태가 떠올라 선뜻 구매하기가 어려웠다.

'다른 사람들이라도 많이 사주면 좋을 텐데' 하고 속으로 빌었지만, 다른 사람들도 사정이 비슷했는지 아무도 제품을 사지 않았다. 결국, 판매자는 한 개도 팔지 못한 채 난감한 표정으로 버스 맨 앞자리에 앉았다. 그때 나는 유일하게 그 건강식품을 구매한 사람이 되었다.

나는 남들이 당연하게 누리는 호의와 권리를 편하게 누리지 못하는 편이다. 식당에 가면 더 먹고 싶은 밑반찬이 있어도 그냥 참고, 있는 대로 먹고 만다. 식당이 장사가 잘되는 것처럼 보일 때는 덜하지만, 장사가 안되는 것처럼 보이면 이 마음은 더 심해진다.

같이 간 지인이 여러 번 반찬을 더 달라고 해서 먹거나, 장사가 잘 안되는 가게에서는 카드 수수료라도 아껴주고 싶은 마음에 일부러 현금으로 계산한다.

나는 과연 '배려심 많은 사람'일까? 사전을 찾아보니 '배려'란 '도와주거나 보살펴 주려고 마음을 씀'이라고 되어 있다. 그 뜻을 보니, 나는 꼭 배려가 많은 사람은 아닌 듯하다. 누군가를 돕는 마음보다, 어쩌면 나를 돕고 싶은 마음이 더 큰 것 같다. 곰곰이 생각해 보니 내 마음은 배려라기보다 공감에 가까운 듯하다.

공감이 '상대방의 감정을 자신의 것처럼 느끼는 것'이라는데, 나는 특히 약자의 위치에 있는 사람에게 깊이 공감하는 것 같다. 아마도 나의 삶이 약자의 위치에 있었던 순간들이 많았기 때문일 것이다. 그때의 상처가 아직 완전히 아물지 않았거나, 치유되었다 해도 그 흔적이 마음속에 오래 남아 있기 때문일 것이다.

물론 나는 세상 모든 사람에게 공감하지는 못한다. 세상 모든 약자에게 다 깊이 마음을 쓰지도 못한다. 하지만 적어도 내가 겪었던 상처와 닮아 있는 사람에게는 마음이 간다. 그들에게는 공감할 수 있고, 그만큼은 배려할 수 있다.

그것이 꼭 순수한 이타심이라고 말하기는 어렵지만, 적어도 내가 경험한 자리에서라도 공감하고 배려한다면, 결국 세상을 조금 더 따뜻하게 만들고 더 많은 이들이 서로를 이해하게 하는 씨앗이 될 거라 믿는다.

가끔은 생각한다. "왜 나는 남들이 당연하게 누리는 호의와 권리를 편하게 누리지 못할까?" 혹시 자존감이 낮아서일까, 타인에게 미움받고 싶지 않아서일까. 이유야 어찌 되었든, 뭐 어떤가. 지금처럼 그저 내가 원하는 대로, 내가 힘들고 지쳤을 때 타인에게 받고 싶었던 공감과 배려를 마음껏 주고받으며 살고 싶다.

그리고 다른 사람들이 원하든 원하지 않든, 내가 가진 공감과 배려의 마음을 민들레 홀씨처럼 퍼뜨릴 것이다. 내가 흩뿌린 그 씨앗이 언젠가 나처럼 간절한 누군가의 하루를 따뜻하게 감싸 주고, 살아갈 용기와 격려가 되어주기를 바란다. 그리고 "그냥 해"라는 바람이 불어, 망설임 없이 내가 원하는 일을 하며 살 수 있도록 강하고 시원하게 내 등을 밀어주면 좋겠다.

민들레 다섯, 권민성

소개

• 학교 전문상담교사 재직
• 교육학 박사
• 전문상담교사 1급, 도덕·윤리 정교사 2급
  청소년상담사 2급, 사회복지사 1급, 임상심리사 2급
  상담심리사 2급(한국상담심리학회), 전문상담사 2급(한국상담학회)
  MBTI 일반강사, 에니어그램 일반강사 등
• 부모교육, 교사 연수, 개인상담, 가족상담, 집단상담 진행

연락처

메일: 83-80@hanmail.net

품은 마음

나와 너, 그리고 우리가 어우러져 더불어 숲을 이루는 삶을 꿈꿉니다.

아직 땅속에서 씨앗을 싹틔우고 있는 민들레에게

자신이 민들레라는 사실을 알지 못하는 이들에게 땅속 세계는, 아마 세상에서 가장 치열하고 무섭고 두려운 공간일 것이다. 숨 막히는 흙 속은 차갑고 축축하다. 빛은 보이지 않고, 들려오는 것은 옆 씨앗들의 아주 작은 숨소리뿐이다. 어떤 날은 바로 옆에서 흙을 비집고 올라가는 소리가 울린다. 그 순간, 내 뿌리는 더 깊숙이 파고들고, 잎은 방향을 잃은 듯 헤맨다.

우리의 삶도 그렇지 않을까. 내가 어떤 사람인지, 어떤 길을 걸어야 하는지 알 수 없을 때, 그 '찾음'의 시간은 종종 숨이 막힐 만큼 고단하다. 그러면서도 이상하게, 어떤 날은 그 시간이 무척 아름답게 느껴지기도 한다. 불안과 설렘이 하루에도 몇 번씩 서로 자리를 바꾸며 춤을 춘다.

빛이 가까워질수록 오히려 어둠이 더 강하게 다가오는 것처럼, 민들레가 흙을 뚫고 나오기 직전이야말로 가장 어둡고 불안한 때가 아닐까. 마치 빛을 향한 문턱 앞에서 발걸음이 더 무거워지는 것처럼.

나도 그랬다. "도대체 얼마나 더 땅속에서 싹을 틔워야 빛을 볼 수 있는 거야?" 그 질문은 오랫동안 내 마음 한구석을 붙잡고, 나를 걱정과 두려움 속에 살게 했다. 옆의 씨앗들이 이미 흙을 뚫고 세상을 마주할 때마다, 내 싹은 유난히 작고 초라해 보였다.

비교라는 그림자 속에서 내가 민들레라는 사실을 알지 못한 채 흘려보낸 순간들이 얼마나 많았던가. 타인의 속도에 나를 맞추느라 숨이 가쁘게 달렸던 날들은 또 얼마나 많았던가.

한편으로 '나도 곧 나올 거야'라는 작은 기대는, 어떤 날에는 하루를 버티게 하는 희망이 되었지만, 또 어떤 날에는 나를 더 조급하게 만드는 희망 고문이 되기도 했다.

상담 현장에서 누군가에게 "조금만 더 견디면 돼요, 당신은 아름다운 꽃을 피우게 될 거예요"라고, "사람마다 각자의 시간이 있어요"라고 말할 때도, 마음 한켠에는 '혹시 그렇지 않으면 어떡하지'라는 의심이 스며들었다.

그럼에도 나는 응원을 멈출 수 없었다. 흙을 뚫고 나오는 그 순간, 씨앗이 조금만 더 힘을 내기를 바라는 마음이 여전히 내 안에 살아 있기 때문이다.

'무엇이 맞을까' 스스로에게 수없이 반문했던 시간들, 타인에게 건넨 무수한 말들이, 돌이켜보면 나 스스로 확신을 찾아가는 과정이었음을 안다. 아마 그 말들은 결국 나 자신에게도 건네는 위로이자 다짐이었을 것이다.

의문과 의심이 교차하는 그 끝에서, 우리는 무엇을 찾으려 했을까. 존재를 부정했다, 긍정했다를 반복하며, 결국 붙잡고자 했던 것은 무엇이었을까. 흔들림과 버팀의 끝에서 마주하는 것은 과연 무엇일까. 그 답은 정말 존재하는 걸까.

꽃을 피우기 위해 우리는 얼마나 흔들려야 하는가

흔들리지 않고 피는 꽃은 없다고 하지만, 나는 늘 의문이 들었다. 정말 꽃을 피우기 위해 반드시 흔들려야만 하는 걸까. 나를 찾기 위한 여정이 이렇게 고달프고 힘겹다면, 포기하고 싶은 마음이 드는 건 어쩌면 너무도 자연스러운 일일지도 모른다.

나는 남들이 보기에는 평탄한 학창 시절을 보냈다. 가정도, 학교생활도 무난했고, 때로는 평범함을 넘어 모범적인, 겉으로 보기에는 잘 살아가는 아이였다. 하지만 내 안에서는 늘 거센 파도가 일렁였다.

이유는 알 수 없었다. 그저 마음속이 복잡했고, 설명할 수 없는 혼란이 이어졌다. 그러나 세상은 언제나 고요했고, 그 속에서 나의 힘듦을 알아주는 이는 없었다. 그래서인지 나는 늘 외로웠던 것 같다.

돌이켜보면, 그것이 나를 알아가고 만나가는 과정이었을지도 모르겠다. 아마 그래서일까? 나는 겉으로 잘 지내는 듯 보이는 사람에게 유독 시선이 잘 머문다. 그들도 나처럼 보이지 않는 무게를 견뎌가고 있는 것은 아닌지, 모범적이고 안정적인 모습 뒤에 감춰진 고충과 어려움으로 남몰래 아파하고 있지는 않은지 마음이 쓰인다.

나는 사회적으로 어느 정도 기능하며 살아가고 있지만, 여전히 마음 한편이 요동칠 때가 있다. 여전히 나를 찾는 과정에 있는 걸까. 아니면 이 과정에는 끝이 없는 걸까. 아니면 그저 이렇게 살아가는 것이 답일까. 나는 생각이 많은 걸까. 그런 질문들이 여전히 나를 찾아온다.

예전에는 무언가를 해야 하고, 의미를 찾아야만 한다고 믿었다. 그래서 그렇지 못한 내가 한심하게 느껴질 때도 있었고, 스스로를 부족하다며 자책하기도 했다. 때로는 '늦었다'라는 생각에 조급함이 치밀어 오르기도 했다.

하지만 요즘은 조금 달라졌다. '그냥 살아가는 거지' 하는 마음이 서서히 자리 잡기 시작한 것이다. 어쩌면 이것이 있는 그대로의 나를 받아들이고 인정하는 과정일지도 모른다. '지금 이 시간을 같은 마음으로 지나고 있는 누군가가 있겠지' 하고, 스스로에게는 위안을, 그리고 그 사람에게는 조용한 응원을 보낸다.

그럼에도 우리는 각자에게 주어진 단 하나의 꽃을 피우기 위해 여전히 흔들리고 있다. 아마도 그 꽃이 얼마나 아름다울지 나조차 궁금하기에, 웃음 반, 눈물 반으로 살아가고 있는지도 모르겠다.

민들레의 꽃말은 '기쁨', '사랑', '행복'이다. 일상 속에서 발견하는 작은 기쁨, 마음을 나눌 수 있는 이와의 사랑, 그 속에서 피어나는 크고 작은 행복. 언젠가 우리 스스로에게도 그 이름을 선물할 날이 오지 않을까. 그때를 준비하는 마음으로 꽃이 흔들린다.

민들레, 그리고 나

모든 것이 평범한 민들레였던 나는, 늘 특별한 민들레가 되기를 바랐다. 막내라서 집안의 사랑과 배려, 보호를 유난히 많이 받았지만, 이상하게도 마음속에는 언제나 알 수 없는 결핍감이 자리했다. 그래서 마음이 고운 어머니와 아버지께 종종 투정을 부리곤 했다. 지금 돌이켜보면, 그것은 특별함을 갈망하는 나의 기대와 바람이 가정 환경이나 나의 능력에 미치지 못한다고 느꼈기 때문일 것이다.

어른이 되어서도 평범한 내 모습이 늘 마음에 차지 않았다. 잘하는, 특별한 사람이 되기 위해 애쓰면서도, 그 노력이 '보통 이상'을 넘어서지 못하는 현실이 늘 못마땅했다. 그냥 '존재 그 자체'인 나보다, 어딘가 이상향에 가까운 나를 꿈꾸며, 나는 끝없이 특별함을 좇았다.

사실 민들레 씨앗 하나하나가 이미 세상에 단 하나뿐이듯, 우리는 그 자체로 유일하다. 그런데도 더 특별하고, 더 귀한 존재이기를 갈망한다. 마치 이미 꽃이 될 씨앗이면서도, 남들보다 더 화려하고 눈에 띄는 꽃이 되고 싶어 안간힘을 쓰는 민들레처럼, 나 역시 특별함을 찾아 헤매며 살아왔다.

누군가 말했다. 상대는 나의 거울이라고. 나는 종종 다른 이의 삶 속에서 내 모습을 겹쳐 보게 된다. "조금 더 나를 알아봐 달라", "조금 더 특별한 존재로 여겨달라"는 그들의 속삭임과 때로는 강한 외침이 메아리처럼 내 안에 울려 돌아온다. 그들의 갈망이 곧 어린 시절 나의 갈망이었음을, 그들의 목소리가 곧 어린 시절 내 목소리였음을 알게 된다.

그러다 문득, 한편으로는 그냥 '나'로 있고 싶다는 마음이 고개를 든다. 있는 그대로의 나를 봐달라고, 꼭 무엇이 되어야만 하느냐고, 내면 깊은 곳에서 울림이 전해진다. 겉에서 요란하던 소리가 잠잠해지면, 깊은 곳에서 이렇게 속삭인다.

"그냥 있는 그대로의 나는 사랑받을 수 있는 존재가 아닌가?"

그 목소리는, 그렇게 사랑받는 존재이고 싶다고 조용히, 그러나 단단하게 말한다. 그리고 나는 상담 공부를 하며 그 진실을 조금씩 알아가고 있는 듯하다. 돌이켜보면, 내가 어떤 계기로 상담 공부를 시작했고 또 상담사가 되었는지 정확히는 알 수 없다. 애초에 상담사는 내가 꿈꾸던 직업도, 희망 목록에 있던 직업도 아니었다. 오히려 그 시절의 나에게는 낯설고 생소한 이름이었다.

진로 상담에서 '계획된 우연'이라는 이론이 있다. 우연처럼 보이지만, 돌아보면 마치 계획된 길이었던 것처럼 느껴지는 만남과 선택들. 아마도 나의 여정도 그와 닮아 있었는지 모른다. 우연처럼 시작된 상담 공부와 상담사의 길이, 사실은 오래전부터 준비되어 있었고, 나로 하여금 '민들레인 나'를 찾게 하려는 길이었을지도 모른다.

그래서 지금 나는, 흔들리고 있는 모든 꽃들에게 전하고 싶다. 그 여정이 결국은 자신을 찾는 길이 될 것임을. 상담사로서 나는 이렇게 말하고 싶다.

"함께 알자. 우리가 이미 꽃임을."

그렇게 나는 여전히 '흙 속의 시간'과 '꽃 피우는 순간' 사이를 오가며 살아가고 있다. 기다림과 흔들림 속에서도, 때로는 전혀 예상치 못한 순간이 내 안의 생동감을 깨운다. 그것은 마치 민들레 씨앗이 바람을 타고 전혀 알지 못한 땅에 내려앉는 것처럼, 삶이 예고 없이 선물하는 기회다.

불어라 신바람, 살아있음을 느끼는 뜨겁고 후끈한 바람이여

살아있음을 느끼게 하는 뜨겁고 후끈한 바람이 내게로 불어왔다.

스무 살 이후, '나는 꽃이다'라든지 '나는 어떤 사람이다'라는 생각을 할 겨를도 없이 20대와 30대를 지나왔다. 가정형편이 넉넉지 않았던 탓에 대학 시절에도 수업이 끝나면 곧장 아르바이트로 향했다. 학업과 아르바이트를 병행하며 장학금을 받기 위해 학점까지 유지해야 했기에 하루하루가 늘 빠듯했다.

그래서 경제적 독립을 늘 꿈꿨지만, 대학원을 졸업한 후 마주한 현실은 차갑고 무거웠다. 정규직은 멀게만 느껴졌고, 어렵게 얻은 계약직조차 그때의 나에겐 버거웠다.

다행히 처음 나를 받아준 곳은 청소년 상담 기관이었다. 그러나 동료 대부분이 심리학 전공자였기에 비전공자인 나에게는 늘 열등감이 따라붙었다. 회의나 대화 자리에서 알게 모르게 느껴지는 소외감도 있었다.

대학교와 대학원을 졸업했지만, 여전히 부족하다고 느껴 다시 심리학 공부를 시작했다. 일과 학업을 병행하는 삶은 지금까지 이어졌고, 지칠 때도 많았지만 멈출 수 없었다. 결국, 나는 정규 대학 과정과 학점은행제를 통해 두 차례 학사 학위를 취득했고, 이어 두 번의 대학원 석사 과정을 거쳤다.

여러 차례 진로 변경과 이직을 경험한 끝에 지금은 학교 전문상담교사로 자리를 잡았다. 돌아보면 내 삶은 늘 미래를 향한 청사진 속에서 최선을 다해 달려온 시간이었다.

그러면서도 늘 주변 사람들과 함께하고 싶은 마음으로 봉사활동을 이어왔다. 대학 시절에는 야학교사로, 졸업 후에는 재난심리활동가로, 그리고 지금은 심리봉사회 활동으로 내 시간을 채워왔다. 겉보기에는 혼자였던 순간도 많았지만, 돌아보면 늘 함께한 시간이 내 곁에 있었다. '함께하는 삶', 그것이 바로 내가 꿈꾸는 민들레의 삶이다. 그렇게 나는 숨 가쁘게 달려왔다.

그래서 박사 수료 후 5년 만에 마침내 졸업을 앞두었을 때, 마음 한켠이 허전했다. 어떤 이들은 또 다른 시작이라며 응원했지만, 나는 가슴이 철렁 내려앉았다. 끝이 아니라 시작이라고? 새로운 출발을 향한 설렘보다 그간의 긴 여정이 끝난 자리에서 밀려온 공허함이 더 컸다.

내 삶은 일과 공부, 그리고 틈틈이 이어온 봉사활동으로 가득했다. 숨이 차오를 때면, 잠시 나를 쉬게 해 준 건 뜻밖에도 '덕질'이었다. 그것은 내 일상에서 허락된 유일한 일탈이었다.

논문을 제출하고 한결 가벼워진 나에게, 덕질을 마음껏 할 기회가 찾아왔다. 지역에서 열리는 페스티벌에 내가 좋아하는 그룹사운드가 온다는 것이었다. 그날은 무더운 한여름, 33도의 땡볕이었다. 피부가 따갑게 느껴졌고, 습도까지 높아 숨이 막혔다.

오후 4시부터 밤 11시까지 이어진 공연에서, 다행히 초반에 그 그룹사운드가 무대에 올랐다. 너무 더워 '이것만 보고 가야지' 했는데, 저녁에도 다시 나온다는 안내에 버티기로 했다. 해가 기울 무렵에 다시 마주한 무대에서, 나는 주위의 시선도, 나의 역할도 잊은 채 '나' 자신으로 서 있었다.

그날의 흔적은 내가 찍은 동영상 곳곳에 고스란히 남아 있었다. 화면 속 목소리는 민망할 만큼 솔직하게 그날의 감정을 담고 있었고, 나조차 몰랐던 나를 드러내고 있었다. 그 여운에 이끌려 나는 일주일 뒤 다시 그 그룹사운드의 콘서트장으로 향했다.

이동에만 공연 시간의 두 배가 걸렸고, 하루를 통째로 비워야 했지만, 전혀 아무렇지 않았다. 무대 오른쪽 1층 한쪽 자리였지만, 가수들의 진심과 열정에 완전히 물들어 함께 즐기고 뛰었다. 공연 말미, 가수가 객석을 돌아 내 옆을 스쳐 지나가는 순간, 나는 무심코 "사랑해요!"를 외쳤다. 들렸는지는 알 수 없지만, 그 순간만큼은 과거도 미래도 아닌 '지금, 여기'에서 온전히 살아있는 나였다.

아직 나는 내가 어떤 민들레인지 모른다. 씨앗인지, 꽃봉오리인지, 활짝 핀 꽃인지도 알 수 없다. 하지만 분명한 건, 그 모습이 무엇이든 그 순간을 지금 여기서 살아내고 싶다는 것이다. 뜨겁게, 신바람 나게, 때로는 민망함마저 품으며. 언젠가 활짝 필 날을 믿으며, 오늘도 그 바람 속에서 흔들린다.

그 한여름의 뜨거운 바람 속에서 나는 깨달았다. 지금, 이 순간에 몰입하고, 나를 잊을 만큼 자유롭게 웃고 뛰는 경험이야말로 언젠가 민들레가 꽃을 피울 힘을 길러주는 햇빛과 같다는 것을. 그것은 마치 흙 속에 있던 민들레가 처음 햇빛을 만난 순간처럼 선명했다.

꼭 무엇이 되어야만 꽃이 활짝 피었다 지는 것은 아니었다. 그저 존재하는 것만으로도, 그 순간 반짝 빛날 수 있음을. 그날의 생생함은 다시 봄을 기다리게 했다.

봄을 기다리는 민들레에게

오늘도 어딘가에는 치열하게 자신을 찾고 있거나, 혹은 자신과 만나기 위해 애쓰는 민들레가 있을 것이다. 그중 하나가 바로 나다. 때로는 '정말 이렇게까지 해야 하나' 싶은 순간도 있지만, 나는 여전히 하루를 성실히 살아낸다.

나와 닮은 민들레도 있을 것이고, 무엇을 해야 할지 막막하고 답답한 마음으로 서 있는 민들레도 있을 것이다. 어떤 민들레는 아직도 흙 속에서 방향을 잡지 못한 채, 빛이 들어올 틈을 기다리고 있을지도 모른다.

하지만 나는 믿는다. 답을 찾기 위해 고군분투하는 우리의 삶에도 언젠가는 찬란한 봄날이 찾아올 것이다. 민들레가 마침내 민들레가 되는 순간, 그 모든 흔들림과 기다림이 빛을 만나는 문이 될 것이다. 꽃잎이 열리는 날은 하루아침에 오지 않는다.

수많은 바람과 비, 차가운 공기와 외로운 밤을 견뎌야만 가능하다. 흙 속에서 흔들리며 버티는 시간조차 결국은 나를 꽃 피우게 만든다. 그 사실을 민들레가 알았으면 한다. 그리고 나 또한 다짐하듯 속삭인다.

"너의 시간은 헛되지 않아. 그 모든 순간은 네 안에서 살아 숨 쉬고 있어"

그것은 민들레가 화려한 장미가 되지 않아도 된다는 사실을 진심으로 깨닫는 순간, 비로소 누리게 되는 자유와도 같을 것이다. 그리고 민들레가 꽃을 피우기까지 거쳐야 했던 흙, 다른 씨앗들, 비와 바람, 흙 속의 작은 동식물들 … 그 모든 것들이 민들레와 함께하고 있다는 사실을 알게 된다면, 그 시간은 절대 외롭지만은 않을 것이다.

나 역시 문득 돌아보면, 위기의 순간마다 내 안에서 솟아나는 힘을 느끼곤 한다. 그 힘은 어디에서 왔을까 생각해 보면, 어린 시절 부모에게서 받은 사랑이 있었다. 그것은 겉으로 드러나는 말이나 행동으로 쉽게 표현할 수 있는 것은 아니지만, 내 안에 단단히 자리한 사랑의 힘이었다.

그리고 나를 둘러싼 많은 이들의 관심과 응원도 있었다. 혼자라고 느꼈던 순간에도, 사실은 나를 지켜보고 응원하는 사람들이 있었음을, 나는 어른이 되어서야 알 수 있었다.

지금 홀로 고독 속에 서 있는 민들레여, 주위를 천천히 둘러보아라. 이미 수많은 것들이 너를 품고 있다. 어쩌면 지금의 고독은 너를 위해 준비된, 조용하지만 깊은 성장의 시간일지도 모른다.

그래서 나도 오늘, 내 안의 봄을 기다린다. 봄이 반드시 온다는 확신이 있기에, 이 기다림은 절망이 아니라 희망이 된다. 민들레가 결국 민들레로 피어나듯, 나도 결국 나로 피어날 것이다. 그러니 오늘도, 당신의 봄을 기다려도 좋다. 우리는 이미 그 자체로 꽃이니까.

민들레 여섯, 임려원

소개

- 모은상담심리연구소 공동소장
- 마음자람심리센터 공동소장
- 교육학 박사(상담심리전공)
- 한국상담심리학회 상담심리사 1급, 수수퍼바이저
  청소년상담사 1급, 사회복지사 1급, 임상심리사
- 마음 드라이빙(23년 세종도서 우수도서 선정)외 38권 출간
- 심리학 강의, 책쓰기 강의, 개인상담, 가족상담, 집단상담 진행

연락처

메일: saim1009@hanmail.net
블러그: https://blog.naver.com/saim1009

품은 마음

이 세상 모든 사람들이 작가가 되었으면 좋겠다.

민들레는 바람을 타고

민들레는 바람을 타고 멀리 날아가 어딘가에 내려앉는다. 그 자리가 아스팔트 갓길이든, 돌길 한가운데든, 시멘트 틈새든, 바람이 멈춘 곳이 곧 새로운 뿌리 내림의 자리다. 비옥한 흙밭이 아니어도, 햇빛이 잘 드는 넓은 들판이 아니어도, 민들레는 그곳에서 가느다란 뿌리를 내리고 버텨낸다.

흙을 만나면 반가움처럼 파고들고, 만나지 못하면 작은 숨이라도 붙잡듯 틈새를 찾아 몸을 기대며 산다. 나는 생각한다. 혹시 민들레의 마음속에 불만이 없었을까?

"왜 나를 이런 곳에 내려놓았지?
더 좋은 자리도 많은데, 왜 하필 여기에?"

나 같으면 그렇게 바람을 원망하며 투덜거렸을 것이다. 다른 꽃들이 피어 있는 자리를 부러워하고, 내 자리를 초라하게 느끼며 속상해했을지도 모른다. 민들레는 묻지 않는다. 바람이 이끄는 비행을 기꺼이 받아들이고, 내려앉은 자리에서 묵묵히 하루하루를 살아낸다. 어떤 자리든 그곳에서 잎을 펼치고 꽃대를 올리며, 결국 자기 모습으로 피어난다.

그 모습을 떠올리자 나도 모르게 마음이 한결 부드러워졌다. 최근에 여러 사람과 다양한 작업을 하면서, 나도 모르게 소소한 서운함과 불만이 마 음속에 쌓였었다. '왜 저럴까? 조금만 더 배려해 주면 좋을 텐데…'라는 생각이 자주 들었다.

나와 다른 사람들의 방식, 나와 맞지 않는 취향, 내가 쉽게 이해하지 못하는 행동들이 거슬렸다. 그런데 이제는 그런 사람들을 조금 더 깊고 그윽한 눈으로 바라볼 수 있게 되었다. 예전처럼 내 안에서 부정적인 의미를 만들어 내지 않게 된 것이다.

민들레 덕분이었다. 그들은 그들만의 자리에서, 자신만의 방식대로 살아가면 되고, 나 역시 나의 자리에서 나답게 살아가면 된다. 서로를 바꾸려 애쓰지 않아도, 각자의 자리에서 이미 충분히 아름다울 수 있다는 것을 민들레가 알려주었다.

곧 지더라도... 민들레는 민들레

어디를 가든 스치는 풍경 속에서 작은 꽃들이 눈에 들어온다. 도로 옆 먼지가 많은 곳의 작은 틈새에서 꿋꿋하게 서 있는 민들레를 보면 나도 모르게 눈인사를 건넨다. 주변에는 흙도 거의 없어 보이지만, 민들레는 마치 그곳이 제자리인 듯 당당하게 서 있다. 그 모습을 보는 순간 마음속에 잔잔한 미소가 번졌다.

'저 자리도 괜찮아. 그리고 내 자리도 괜찮아.'

지금 막 땅을 찾아 내려앉은 민들레는 조심스레 뿌리내릴 준비를 한다. 며칠 먼저 도착한 민들레는 작은 새싹을 틔워냈고, 그보다 더 일찍 자라기 시작한 민들레는 여러 장의 잎사귀를 넓게 펼쳤다. 또 어떤 민들레는 꽃대를 곧게 뽑아 올렸고, 그 위에는 이미 활짝 피어난 꽃이 햇빛을 온몸으로 받으며 서 있다. 각각의 민들레는 자신만의 속도로 하루하루를 살아가고 있었다.

나는 잠시 생각해 본다. 지금 나는 어떤 민들레일까? 아직 땅속에서 숨죽이고 있는 씨앗일까, 여린 새싹일까, 아니면 꽃봉오리를 터뜨리려는 순간일까? 혹은 지금이 내 전성기라 말하며 한껏 피어난 꽃일까? 그보다, 나는 어떤 모습의 민들레로 있고 싶어 할까? 아직도 자라나는 새싹으로 남고 싶은지, 아니면 온 힘을 다해 꽃을 피운 존재로 살고 싶은지, 마음이 한참을 맴돈다.

이상하게도 활짝 핀 꽃을 보면 마음이 아련해진다. '곧 질텐데'라는 아쉬움 때문이다. 그래서일까, 그 화려함을 오래 바라보기가 겁날 때가 있다. 반면, 아직 꽃잎을 펼치지 않은 봉우리는 한없이 들여다볼 수 있다.

그 속에 담긴 아직 드러나지 않은 아름다움이, 마치 세상에 속삭이지 않은 비밀처럼 매력적으로 느껴지기 때문이다. 그래서 나는 그 봉우리를 응원한다. "그래, 마음껏 웅크려라. 그리고 네가 원하는 순간에 피어나라. 네가 되고 싶은 꽃으로 피어나면 돼."

그런데 이 글을 쓰다 보니, 활짝 핀 꽃이 내 말을 듣는다면 조금 서운해할지도 모르겠다는 생각이 든다. "나는 괜찮아. 그러니 너무 아련하게만 보지 마. 나는 지금이 좋아. 곧 질 테지만, 지금은 활짝 피어 있고, 지더라도 후회하지 않아." 아마도 그렇게 나를 향해 웃으며 말할 것이다. 그리고 그 말은 나를 위로해 줄 것이다.

나는 지금, 활짝 피었다가 서서히 지는 꽃 같다. 그러나 그런 나를 부정하지 않는다. 내가 원하던 것들을 마음껏 시도했고, 기꺼이 새싹을 틔우고, 꽃대를 올리고, 마침내 나만의 꽃을 피워냈다.

크지도, 화려하지도, 남들의 발걸음을 멈추게 할 만큼 향기롭지 않았을지도 모른다. 하지만 내 주제에 맞는 꽃을, 그 순간 최선을 다해 피워냈다. 그리고 나는 그런 나를 기특하게 여긴다.

이왕이면 너랑 나랑

나는 1남 6녀의 막내로 태어났다. 위로 다섯 언니와 한 오빠가 있었지만, 어린 시절의 내 기억 속에서 집에 함께 있던 가족은 많지 않았다. 언니들은 대부분 중학교만 마치면 도시로 나가 학업과 일을 병행했고, 집에는 늘 오빠와 다섯째 언니만 남아 있었다. 그래서인지 명절이나 휴가철에, 객지에 있던 언니들이 집에 내려오면 나는 수줍어 숨곤 했다. 낯선 이방인처럼 느껴졌다.

집에서 함께 지내던 다섯째 언니는 나와 성향이 전혀 달랐다. 외향적이고 재치 있으며, 부모님께 할 말도 곧잘 하는 다부진 사람이었다. 오빠는 남자라서인지 나와는 따로 노는 경우가 많았다. 가끔 나를 무리에 끼워주었지만, 오빠의 놀이는 전혀 재미가 없었다. 그래서 내 어린 시절엔 친구들과 놀던 기억보다 부모님을 따라다니던 장면이 더 선명하다.

산으로, 들로, 장에 가실 때마다 막내인 나를 꼭 데리고 가셨다. 그럴 때마다 언니와 오빠가 친구들과 어울려 노는 모습이 부러웠다. 아마 그때부터였을까. 나는 '혼자가 아니다'라는 사실에 유난히 마음을 두기 시작했다. 혼자 있는 것보다, 함께 있는 모습이 나를 안심시켰다.

요즘도 나는 중랑천을 운동 삼아 거닐다가 청둥오리를 보면 걸음을 멈춘다. 혹시 저 오리가 혼자 있는 건 아닌지 주변을 살핀다. 친구는 어디 있을까? 형제는? 아니면 무리가 근처에 있을까? 마음속에서 질문이 꼬리를 문다. 다행히 무리 지어 사는 청둥오리라서인지 혼자 노는 경우는 드물다.

둘레길을 걷다가도 새 한 마리가 홀로 노니는 모습이 보이면, 나는 또 발걸음을 멈추고 주위를 스캔한다. 다른 새가 있나? 친구가 있겠지? 설마 외롭게 떨어진 건 아니겠지? 역시 새도 혼자일 때는 거의 없고, 가까운 어딘가에 반드시 친구가 있다. 그 모습을 확인하고 나서야 안심하며 다시 길을 걷는다.

『민들레는 민들레』 그림책을 읽다가, 이런 나의 습관이 떠올랐다. 왜 나는 그렇게도 혼자가 아니길, 혼자일 리 없다고 우기듯 두리번거리는 걸까. 책 속 민들레를 바라보며 나도 모르게 속삭인다. "그래도… 같이 있으면 좋지 않을까?"

혼자 핀 민들레에게 묻는다.

"민들레야, 너는 혼자 그렇게 피었는데 괜찮니?"

민들레는 대답한다.

"그럼, 괜찮고말고. 조금 있으면 나도 홀씨가 되어 훨훨 날아가
다시 친구들을 만날 수 있어. 이번엔 혼자서 이곳에 뿌리를 내렸지만,
다음엔 언제든 친구들이 있는 곳으로 갈 거야. 혼자인 지금은 가끔 벌도 찾아주고,
나비도 와주고, 지나가던 바람도 말을 걸어주니까 괜찮아."

그제야 깨닫는다. 혼자 있는 모습이 꼭 외로운 건 아니라는 걸. 내가 괜한 오지랖을 부렸는지도 모른다. 혼자 있어도 괜찮은 민들레를 보며, 나는 조금씩 배워간다. 혼자라는 건 외롭고 비어 있는 시간이 아니라, 어쩌면 다음 만남을 준비하는 고요한 쉼표일 수 있다. 그리고 그 시간 속에서도 나만의 햇살과 바람을 충분히 누릴 수 있다.

흔하지만 특별해

함께 책을 읽던 한 분이 물었다. "작가는 왜 하필 민들레를 대상으로 그림책을 썼을까요?" 글쎄, 왜였을까. 민들레는 돈을 주고 사야 하는 고가의 꽃이 아니다. 봄이면 쉽게 볼 수 있고, 온도가 맞는 따뜻한 남쪽 나라에서는 계절과 상관없이 사시사철 피어날 수도 있는 꽃이다.

길가의 자투리 흙, 아스팔트 틈, 풀 한 포기 없는 골목길에서도 민들레는 자리를 잡고 꿋꿋하게 살아간다. 누구의 허락을 받지도 않고, 누가 일부러 심어주지 않아도, 그저 바람이 데려다 놓은 자리에서 뿌리를 내리고 싹을 틔운다.

그런데 우리는 그 민들레를 향해 "멋지다", "굉장하다"라고 말하는 경우가 거의 없다. 화단 속에 가지런히 심어진 장미나 화려한 색을 뽐내는 튤립은 카메라에 담고 싶어 하지만, 민들레를 찍겠다고 허리를 숙이는 사람은 드물다. 오히려 너무 흔하다는 이유로, 너무 어디서나 볼 수 있다는 이유로 우리의 시선은 민들레를 지나친다.

아마도 작가는 그런 민들레를 다시 바라보게 하고 싶었던 건 아닐까. 눈에 잘 띄지 않아도, 값비싼 이름표가 붙지 않아도, 그 자리에서 묵묵히 살아가는 존재가 있다는 것을 말하고 싶었던 건 아닐까. 바람에 날려와 전혀 예상치 못한 곳에서 꽃을 피우고, 홀씨가 되어, 또 다른 길로 떠나는 그 생명력 속에 담긴 이야기를 들려주고 싶었을 것이다.

민들레는 세상 어떤 꽃보다도 자유롭다. 정해진 화단이 없어도, 비옥한 땅이 아니어도, 꽃은 피고, 씨앗은 날아간다. 그 과정에서 누구의 인정을 받지 않아도 괜찮다. 민들레는 그저 존재함으로써 자신이 민들레임을 증명한다.

작가는 어쩌면 이런 민들레의 모습에서 우리가 잊고 사는 삶의 본질을 발견했을지도 모른다. 화려함이 전부가 아니고, 주목받는 것만이 가치가 아니며, 그저 자기 자리를 지키고 살아내는 것만으로도 충분히 아름답다.

빵 껍데기만 먹어도 돼?

나는 빵을 먹을 때 겉껍질만 먹는 습관이 있다. 특히 바게트를 사 오면 겉은 바삭하게 뜯어먹고, 가운데 부드러운 속살은 남겨둔다. 차마 버리진 못하니 그대로 두면 남편이 먹는다.

아이들은 그걸 보고 "엄마, 제발 그러지 마. 엄마 또 이렇게 먹었지?" 하며 웃으면서도 장난스럽게 타박한다. 나도 멋쩍어서 "어쩌겠니, 엄마는 껍질이 좋아"하고 맞장구를 친다.

그러면서도 속으로는 '엄마가 돼서 이런 별난 습관을 보여도 괜찮나? 철부지처럼 보이지 않나?' 하는 생각이 스친다. 하지만 곧 '내가 빵 한 조각 먹으면서 내 마음대로 못 하나?' 싶은 마음이 올라와, 여전히 내 방식대로 먹는다.

남편은 이런 나를 두둔해 준다. "엄마가 먹고 싶은 대로 그냥 놔둬. 그거라도 먹게 둬라." 그 말을 들을 때마다 마음이 풀린다. 무심한 듯 던진 말이지만, '네가 어떻게 하든 나는 괜찮아'라는 믿음이 담겨 있어, 묘한 안정감을 느낀다. 그 말 한마디에, 평소 나를 향해 있던 자기검열을 잠시 멈추고, 그냥 숨을 고르듯 편안해진다.

식당에서 밥을 먹을 때도 나만의 방식이 있다. 짠 반찬에는 물을 부어 간을 빼고 먹는다. 그냥 먹으면 하루 종일 물을 찾게 되니 어쩔 수 없다. 집에서는 괜찮지만, 식당에서는 조금 곤혹스럽다. 억지로 먹으면 배앓이한다.

남편은 "내 앞에서는 그렇게 해도 돼. 근데 애들이나 다른 사람 앞에서는 조금만 조심하자."라고 말한다. 고치라는 뜻이 아니라 상황을 배려하자는 마음이 담겨 있어 더 고맙다. 내 습관을 이해해 주는 사람이 단 한 명이라도 있기에, 세상에서 덜 외롭다.

그림책 『민들레는 민들레』를 읽으며 '있는 그대로'의 의미를 곱씹었다. 오늘은 동그

라미였던 사람이 내일은 세모가 되고 싶다고 해도, "그래, 그렇게 해"하고 받아주는 것. 그게 진짜 '있는 그대로' 아닐까. 우리는 너무 쉽게 기준을 들이대고, 내 방식대로 하라 권한다. 이유는 "널 위해서"라고 붙인다. 하지만 있는 그대로 받아주는 건 생각보다 어렵다.

아마도 나는, 빵 껍질만 먹는 습관이나 반찬에 물을 붓는 나를 '그래도 괜찮다'라고 말해주는 그 한 사람 덕분에, 있는 그대로의 나를 조금씩 더 좋아하게 되는 것 같다. 민들레가 바람이 데려다 놓은 곳에서 뿌리를 내리듯, 나도 그런 시선 속에서 안도하며 설 수 있다면, 그걸로 충분하다.

떠밀어 주는 바람, 기다려 주는 바람

돌아보면, 내 삶은 준비가 되기 전에 떠밀리듯 흘러온 순간들이 많았다. 나는 아직 저만치 갈 준비가 되지 않았고, 갈 생각조차 없었는데, 누군가 뒤에서 "가 봐!!" 하고 등을 떠미는 듯한 느낌이었다.

민들레 그림책 속에서 홀씨를 이리저리 옮겨다 주는 바람을 보면서 문득 생각했다. 바람이 부드럽게 불면, 민들레는 살포시 얹혀 이리저리 조심스레 흔들리다가 가까운 어딘가에 내려앉을 것이다. 반대로 거센 바람이 몰아치면, 이리저리 마구 휘날리다 훨씬 먼 곳에 가서야 멈출 것이다.

그렇다면 나는 어떤 바람을 타고 싶은가. 보드라운 바람? 가벼운 놀이기구 타듯 스릴 있는 바람? 글쎄… 나는 '기다려 주는 바람'이 좋겠다. 내가 스스로 올라타고 "이제 출발!"이라고 외쳤을 때 비로소 움직이는 바람, "잠깐, 무서워"라고 하면 속도를 줄이고 내 상태를 살펴주는 바람이면 좋겠다. 너무 서둘러서 나를 어디론가 데려가거나, 아직 준비되지 않았는데 재촉하는 바람은 싫다.

생각해 보면, 민들레와 바람은 서로의 때를 본능적으로 아는 것 같다. 홀씨가 되어 바람에 몸을 맡기는 순간을 스스로 알고, 어디에 떨어져도 바람을 탓하지 않는다. 또한 바람도 민들레가 '이제 곧 나를 타고 어디론가 갈 때가 됐구나' 하고, 서두르지 않고 그 순간이 올 때까지 곁에서 머물다 조심스레 등을 밀어준다.

그러고 보면 나는 '내 삶에 불어왔던 바람을 탓하며 살아왔구나' 싶다. 정작 그 바람 덕분에 내가 성장했고, 해낼 수 있는 나를 발견해 왔음에도 말이다. "려원아, 뭐 그리 불만이 많니. 어쩌면 바람이 너보다 너를 더 잘 알고 태워 갔을 거야." 내 안에서 이런 속삭임이 들려온다.

그러고 나니 고개가 끄덕여진다. 그렇구나, 그럴만하니까 바람이 나를 태운 거구나. 내가 가야 할 자리, 만나야 할 사람, 겪어야 할 시간을 위해서 바람이 일부러 그렇게 불어준 거구나. 참, 나는 변덕도 심하다. 조금 전까지 바람을 원망하다가도, 이렇게 고마운 마음이 들다니.

살다 보면 준비 없이 맞이하는 변화가 많다. 그때는 겁나고 억울한 마음이 앞서지만, 시간이 지나서야 알게 된다. 그 바람이 나를 다른 곳에 데려다 놓은 게 아니라, 결국 나를 내가 있어야 할 자리로 옮겨놓았다는 것을. 바람이 내 의사를 다 들어줄 수는 없겠지만, 최소한 나를 해치려고 불지는 않았을 거다.

이제는 떠밀려 오는 바람이든, 기다려 주는 바람이든 좋다. 바람이 나를 가장 잘 알고 있을 테니까. 나는 바람을 기꺼이 따라가련다.

민들레 일곱, 이혜숙

소개

- 철학 박사(상담심리전공)
- 서울기독대 상담심리학과 겸임교수
- 한국기독교상담심리학회 전문상담사 1급, 수퍼바이저
  청소년상담사 1급, 임상심리사1급, 사회복지사
- 동신시니어가족지원센터 소장
  시니어 여성의 '생명력 되살리기' 글쓰기 지도
- ㈜연세상담코칭센터 전문상담사, 개인상담, 부부상담
  대한적십자사 인천지사 재난심리지원센터 상담활동가

연락처

메일: easderlee@hanmail.net

품은 마음

우리 안의 작은 가능성들이 꽃처럼 피어나기를 바란다.

감나무 그늘에서

요즘 내 마음은 봄바람에 살랑이는 아가씨 마음처럼 설렌다. '상담자의 글쓰기'라는 새로운 나무에 싹을 틔우기 위해, 나는 오늘도 조금씩 마음을 흔들어 본다.

"나는 어떤 씨앗 이며, 누구의 바람을 타고 이 자리에 서게 되었을까?"

눈을 감으면 산골 마을에서 뛰놀던 어린 내가 선명하게 떠오른다. 산과 들을 누비며 친구들과 어울리던 시절, 한여름이면 집 앞 커다란 감나무에 자그마한 널빤지를 들고 올라갔다.

가지가 여러 갈래로 뻗어 평평하게 자리한 곳에 널빤지를 올려놓고, 그 위에 누우면 감나무잎이 햇볕을 가려 만들어 준 그늘이 세상에서 가장 시원하고 편안했다. 잎 사이로 보이는 하늘을 올려다보며 흥얼흥얼 노래를 부르거나, 손등 위로 기어오르는 개미와 놀다가 스르르 잠이 들곤 했다.

아래에서는 한복에 쪽머리를 곱게 빗어 올린 할머니가 대자리를 깔고 나무에 기대어 앉아, 흥얼흥얼 노래를 부르셨다.

"우리 애기, 잘 놀고 있지?"

할머니의 목소리는 바람결을 타고 가지 사이로 스며 올라와 나를 감싸 안았다. 지금 생각해 보면, 그 감나무 그늘은 있는 그대로의 나를 받아들이고, 아무 말 없이 사랑스럽게 지켜봐 주시던 할머니의 따뜻한 품이었다.

단잠을 자다 보면, 동네 아이들의 웃음소리가 바람을 타고 감나무 위까지 전해졌다. 그 소리에 눈을 뜨고 나무에서 내려와 마당 옆 자두나무로 달려가 주먹만 한 자두를 서너 개 땄다. 그리고 친구들이 기다리는 냇가로 향했다.

"하나, 둘, 셋!"

자두를 힘껏 던지고 물속으로 풍덩 잠수해 누가 먼저 찾아오는지 내기를 했다. 물 위로 번지는 웃음소리, 따사로운 햇살, 냇가를 감싸는 초록 내음, 그리고 손끝에 전해지는 차가운 자두의 감촉. 그 순간은 세상에서 가장 반짝이는 보물을 발견한 듯 행복했다.

그때부터였을까? 누군가와 웃음을 나누며, 함께 숨겨진 보물을 찾아가는 기쁨이 내 마음 깊은 곳에 뿌리내리기 시작한 것이….

봄에 피어도 민들레, 여름에 피어도 민들레

내가 자란 산골 마을에는 봄, 여름, 가을 내내 민들레가 피어 있었다. 봄이면 연둣빛 새싹으로 다가오고, 여름이면 싱그러운 초록 받침에 목이 긴 노란 꽃송이로 자태를 뽐냈다. 여기저기 돋아난 민들레 싹은 여름 나물무침이 되었고, 연한 잎은 할머니가 상추 대신 즐겨 드시던 쌈이 되었다.

열정적인 여름이 지나고 가을이 오면, 민들레는 꽃잎을 거두고 하얀 씨앗을 품었다. 봄에 피어도 민들레, 여름에 피어도 민들레, 가을에 피어도 민들레였다.

"하나, 둘, 셋." 숨을 모아 민들레 홀씨를 힘껏 불었다. 하얀 씨앗들이 바람을 타고 이리저리 흩날리자 나는 신이 나서 외쳤다.

"할머니, 봐봐! 멀리 날아가지?" 그러면 할머니는 환하게 웃으며 "우리 애기가 분홀씨가 여기도 있네" 하시며 민들레를 한 움큼 따서 내 두 손 위에 가득 올려주셨다. 그 순간, 내 손에는 꽃보다 더 포근한 할머니의 사랑이 담겨 있었다.

민들레는 뜨거운 여름 동안 뿌리를 깊게 내린 뒤, 가을 하늘을 향해 흰 꽃을 띄우고 바람을 타고 훨훨 날아간다. 나도 그렇게, 할머니의 사랑이라는 토양 속에서 뿌리를 내렸고, 이제는 상담자로서 나의 말 한마디, 공감의 눈빛, 그리고 함께하는 침묵이 누군가의 마음 밭에 살며시 내려앉아 작은 울림을 만들고 있다.

물론 마음을 다해도 변화가 더디게 보이거나, 내가 그리는 그림과 현실이 어긋나 속상할 때도 있다. 그럴 때마다 나는 민들레를 떠올린다. 작은 새싹이 돋았나 했더니, 여러 장의 잎을 키우고 단단한 꽃대를 올려 마침내 꽃을 피우고, 어느새 홀씨가 힘차게 날아오르는 그 과정을. 민들레가 홀씨를 기다리는 시간을 생각하며 나를 다독인다.

오늘의 나는 싱그러운 초록을 품은 민들레처럼 활짝 피어 있다. 꽃으로 빛나든, 잎으로 숨 쉬든, 홀씨로 날아가든, 그 모든 모습이 곧 나다. 생긴 그대로, 있는 그대로의 내 모습을 안아주고 싶다.

상담자인 나는 내담자의 마음 깊은 곳에 숨겨진 '보물'을 함께 찾아 나서는 탐험가이다. 누군가의 마음의 물결 속으로 함께 잠수해 잊고 있던 반짝임을 발견할 때, 우리는 눈빛으로 웃음을 나누며 서로를 담는다. 그 웃음 속에서 우리의 자유로움이 자란다.

어린 시절 감나무 그늘이 포근한 할머니의 품처럼 나를 감싸 주었듯, 어느 한 사람의 마음을 내려놓고 숨 쉴 수 있는 안전한 공간이 되고 싶다. 그리고 언젠가, 내가 바람에 태워 보낸 홀씨가 누군가의 마음 밭에서 곱게 피어나길 바란다.

오늘도 내 마음은 민들레 꽃바람에 설레고, 상담자의 글쓰기는 나를 다시 어린 시절로 데려간다. 그 시절의 햇살과 바람, 초록 내음과 민들레 향이 지금의 나를 지탱하고 있다.

행운의 민들레 7

내 삶의 중심이었던 할머니는 여덟 살 생일 아침, 민들레가 싹을 틔우던 어느 봄날 조용히 천국으로 떠나셨다. 그 후 작은언니는 자연스레 나의 친구이자 위로의 동반자가 되어 주었다. 두 민들레가 서로 이마를 맞대고 잠들던 포근했던 기억은 내 안에 따뜻한 빛으로 깊이 남아 있다.

5남매 중 막내인 나는 고등학교 때 혼자 자취하겠다며 군(郡) 소재지로 진학했지만, 서툰 혼자살이는 한 달도 채 되지 않아 지원요청을 하기에 이르렀다. 그때 작은언니가 결정적인 역할을 해주었다.

언니는 매일 버스를 타고 통학하며 나를 챙겨주었고, 자취방 주변에 사는 언니의 지인들을 소개해 주어 내가 낯선 삶에 적응하도록 이끌며 곁을 지켜주었다. 봄에는 매일, 그 뒤로는 일주일에 서너 번씩 찾아와 준 언니 덕분에, 나는 외로운 밤을 견디며 조금씩 단단해질 수 있었다.

어린 마음에, 언니가 아니었다면 나는 낯선 학교생활을 제대로 이어 갈 힘조차 내지 못했을 것이다. 늘 바쁘셨던 엄마 대신 작은언니와 나는 민들레가 서로 뿌리로 이어져 생존을 돕듯 서로를 의지하며 자라왔다. 언니가 건네준 사랑과 위로는, 나의 성장에 든든한 '밑거름'이 되었다.

민들레 그림책을 읽다 보니, 어느새 민들레 이야기에 내 삶이 겹친다. 살랑이는 봄바람에 세상과 처음 마주한 민들레 새싹처럼, 나도 가슴이 설레는 첫걸음을 내디딘 소녀였다.

여름날 뜨거운 햇볕을 꿋꿋이 견디며 초록을 머금고 민들레가 노란 꽃을 활짝 피워내듯, 나 역시 청춘의 열정을 품으며 꿈을 향해 달렸다. 이십 대에는 유아교육과 사회복지, 그리고 삼십 대에는 심리학에 관심 가지게 되었다.

그러나 서른이 훌쩍 넘어 선물처럼 찾아온 아이들과 거동이 불편하신 엄마를 돌보면서 종종 소진이 찾아왔고, 꿈을 향해 달리던 내 발걸음도 조금씩 느려졌다. 엄마가 되는 감동의 순간은 말로 표현할 수 없이 기쁘고 행복했지만, 막내로 자유롭게만 살아온 나에게 두 아이의 양육과 엄마를 모시는 일, 친정의 대소사를 살피는 일을 동시에 해내는 것은 생각보다 힘에 부쳤다.

그렇게 점차 내 삶은 아이들과 엄마의 필요를 먼저 채우는 삶으로 방향을 틀어갔다. 서른 살 이전까지 이루고 싶었던 꿈들은 현실의 무게 아래로 잠시 가라앉았다. 하지만 흔들리는 일상에서도 내 안에는 피어나고자 하는 작은 싹이 오롯이 담겨 있었고, 어디서나 자신의 자리를 지키려는 민들레와 같은 의지로 아주 조금씩 자라나고 있었다.

돌봄의 이름 아래 잊힌 듯 사라졌던 소망은, 민들레 홀씨처럼 척박한 땅에서도 굳건히 살아 있는 '작은 싹'으로 변화되었다. 그 싹은 나의 회복력의 상징이었고, 굳은 의지를 드러내는 증거였다. 지나온 시간과 고된 경험 앞에서도 흔들리지 않은 그 믿음이 오늘의 나를 세웠고, 그 덕분에 이 자리에 설 수 있었다.

엄마가 소천하시고 큰아이가 열 살 되던 해, 나는 오랜 단절을 뒤로하고 상담심리대학원이라는 길을 다시 열었다. 상담 수련과 전일제 근무, 박사과정에서 포기하고 싶은 고비가 여러 번 있었지만, 민들레처럼 내가 선택한 자리에서 계속 자라겠다는 다짐은 흔들리지 않았다.

그 여정은 내 존재를 더욱 단단하고 깊게 만드는 과정이었다. 민들레처럼 꿋꿋이 뿌리 내리고자 하는 의지를 버리지 않고 희망의 싹을 지켜낸 오늘의 나 자신이 고맙다.

어느 날, 볼펜을 꺼내려고 책상 서랍을 열었다가 문득 엄마가 남기신 글들이 담긴 파일을 마주했다. 엄마의 글을 조용히 읽어 내려가면서, 글자 하나하나에 담긴 자녀에 대한 엄마의 사랑이 느껴졌고, 비로소 엄마의 깊은 마음을 이해하게 되었다. 엄마는 결혼 십사 년 만에 얻은 큰 오빠를 향한 사랑이 지극하셨고 나와 함께 살던 팔 년 동안에도 여전했다.

그때는 내심 서운한 마음이 있었는데 이제는 안다. 내가 일상에 묻혀 흘려보냈던 순간들이 어머니의 기도로 이루어낸 열매였다는 걸. 그 사실 하나로도 내 속에 잊혀 있던 감정들이 다시 살아나 고마움을 느낀다. 글은 단순한 기록이 아니라 시간 속 감정들을 회복시키는 힘이었음을 알게 되었고, 그 깨달음이 오늘의 나에게 평온을 준다.

그런 면에서 그동안 내가 써온 수많은 날의 일기는 단순한 글이 아니라 나의 존재를 증명하는, 내가 잘 살아내고 있음을 선포하는 힘이었다. 아이들과 함께하는 일상의 기쁨, 삶의 고비마다 마주하는 슬픔, 고민, 소망을 담아낸 한 줄 한 줄이 지금의 나를 이어온 뿌리였고, 그 기록들이 있었기에 내가 이 자리에 설 수 있었다고 생각한다.

엄마의 기록과 내 일기가 맞닿은 순간, 나는 나 자신과 깊이 화해하며 작은 평화를 얻었다. 『민들레는 민들레』를 읽으며 '행운의 민들레 7'인 내가 회복되고 있는 것을 스스로 보게 되어 기쁘다.

소진될 때면 가끔 나는 백발이 되신 지혜로운 노(老) 권사님을 찾아뵌다. 며칠 전 90세를 넘기신 총명하신 노 권사님의 맑고 그윽한 눈동자에서 인생의 의미를 보았다.

"다 그런 거란다. 너무 아파하지 마라. 뜻대로 되지 않는다고 해서 자신을 그렇게 몰아세우지 말거라. 그래도 인생은 살아봐야 맛을 알지. 단맛, 짠맛, 매운맛, 쓴맛, 신맛까지 모두 맛볼 수 있는 게 바로 인생이란다."

씁쓸하지만 담백한 대답이다. 그렇구나! 그런 거였구나!

어제 방학 중인 딸과 오랜만에 아쿠아리움을 찾았던 기억이 마음에 한 줄기 시원한 바람처럼 남아 있다. 수조 속에서 자유롭게 유영하는 물고기의 모습, 손을 가지런히 모은 채 편안하게 배영을 하는 물개의 모습은 마치 어린 시절 내가 냇가에서 자두를 던지고 친구들과 잠수하던 순수한 순간으로 나를 데려갔다.

그 장면 속에서 깊고 맑은 자유로움이 내 안을 감싸며, 마음이 풀리고 머릿속까지 시원해지는 기분이 들었다. 그 순간은 언젠가 꼭 다시 가보고 싶을 정도로 내면의 숨통을 트여준 쉼표였다.

가족과 함께하는 시간이 소중한 삶, 그리고 민들레처럼 어디서든 씩씩하게 피어나는 삶이 나의 길이다. 길가, 나무 옆, 시멘트 틈, 심지어 지붕 위에서도, 언니들, 사돈 어르신, 교회 식구들의 사랑 덕에 나는 반짝이며 내 자리에 꽃을 피웠다.

지금, 이 순간에도 부드러우면서도 확실한 빛으로 흔들리며 존재하는 나를 느낀다. 이제는 결과보다 과정을, 속도보다 나의 호흡을 존중하며 살아가는 과정에 있다.

바람은 소망을 품고

뜨거운 여름날의 매미처럼 있는 힘을 다해 울다가 지칠 때가 있었다. 그럴 때마다 들려온 "지금도 충분히 잘하고 있어!", "너무 애쓰지 마!", "포기하지 마, 넌 할 수 있어!"라는 친구의 말이 봄바람처럼 스며들어 내게 다가왔다. 그 말은 겨울 끝자락, 얼었던 흙을 살며시 깨우는 햇살 같았다.

그리고 봄이 오면, 민들레 새싹이 "안녕?"하고 고개를 내미는 장면이 곧 내 마음 안에서 피어났다. 친구들의 격려와 지지, 응원이 나를 다시 걷게 했다. 내가 경험한 그 따뜻하고 부드러운 바람처럼, 누군가의 얼어붙은 마음을 녹이고 소망을 되살리는 바람이 되고 싶다.

지금까지 나에게 불어왔던 포근했던 봄바람을 떠올려본다. 꽃잎이 지고 홀씨가 되어 하늘을 나는 민들레처럼 내일을 향한 소망의 바람을 타고 숙녀의 시간, 워킹맘의 시간을 지나 지금의 나까지. 하늘하늘 잘 날아왔다.

"그동안 나를 밀어준 바람아~ 고마워!"

나는 다시 한번 내 안의 작은 씨앗을 살핀다. 수많은 계절을 지나며 조금씩 자라온 나의 꿈과 가능성을 품은 싹들이 여전히 숨을 고르며 기다리고 있다.

그 여정의 중심에는 심리상담 공부가 있었다. 상담을 배우고 실천하는 과정은 마치 메마른 땅속에서도 뿌리를 깊게 내리는 민들레처럼 나를 내 자리에서 굳게 서게 했다. 타인의 이야기를 경청하고 이해하는 훈련은 곧 나 자신을 이해하고 돌보는 힘이 되었으며, 회복의 과정을 마주하며 나는 내 삶의 의미를 새롭게 구성해 나가고 있다.

가끔 나는 상담 현장에서 홀로 외로이 서 있는 민들레들을 만난다. 그럴 때면 어릴 적 감나무 그늘에서 바람결에 실려 올라오던 할머니의 목소리가 내 마음을 토닥이며 포근하게 감싸주었던 기억이 떠오른다. 그 기억처럼 나도 그 곁에 조용히 앉아 잠시 숨을 고르고 마음을 놓을 수 있는 그늘이 되어주고 싶은 마음이 든다.

이제는 내가 경험한 따뜻함을 누군가에게 건네어, 차가운 겨울날 얼음 위에 홀로 서 있는 마음을 녹이고, 움츠린 어깨를 펴주며, 다시 꿈을 꿀 수 있게 하는 포근한 바람이 되고자 한다.

못 견디게 가슴이 시리던 어느 여름날, 분석을 마치고 일어서는 나를 향해

"괜찮아, 괜찮아, 괜찮아!"

수퍼바이저께서 내게 건넨 짧지만 울림이 있는 그 말은 포근한 바람처럼 부드럽고, 햇살처럼 따듯했다. 나는 그 말을 마음속 깊이 품고, 마치 주문처럼 조용히 되뇌었다.

처음에는 떨리는 숨 사이로, 그리고 시간이 지나면서는 고요한 호흡 속에서. 그렇게 중얼거리다 보니, 어느새 나는 조금씩 괜찮은 일상을 살아가고 있었다. 계절이 바뀌고, 햇살이 부드러워지면서, 마음 한구석에 남아 있던 얼음이 스르르 녹았다.

돌아보니, 나를 감싼 것은 화려한 기적이 아니라 따듯한 햇살을 품은 포근한 봄바람이었다. 그 봄바람은 함께 걸으며 주고받는 사소한 이야기, 말없이 나누는 침묵, 비난이나 조언이 아닌 온전한 경청과 신뢰가 가득 담긴 믿음 어린 눈빛. 그런 것이었다.

민들레 씨앗이 바람을 타고 부드럽게 날아가 조용히 내려앉아 속삭이듯, 그렇게 전해지는 포근한 마음이 가슴 시린 이들의 흔들리는 마음속에 스며들어 단단히 뿌리를 내리게 하는 것이 나의 작은 바람이다.

어느 날, 오랫동안 시선을 피하던 이가 아주 잠깐이지만 내 눈을 바라보며 미소를 지었다. 또 다른 이는 멈춰 있던 발걸음을 조심스럽게 내디뎠다.

그 미소와 한 걸음은 마치 새벽녘, 오랫동안 닫혀 있던 꽃망울이 조용히 터지는 순간 같았다. 작은 떨림 속에 담긴 용기와 희망은 내 마음에도 따뜻한 물결을 만들었다. 민들레의 봄바람이 만든 변화는 작고 조그맣게 보일지라도, 삶을 천천히 움직이며 서서히 빛으로 이끄는 힘이 된다.

이제 나는 안다. 내가 불어준 봄바람이 나를 향해 돌아온다는 것을. 누군가를 위해 건넨 온기가 먼 길을 돌아오면서, 어느새 내 안의 얼어붙은 마음도 녹인다. 마치 봄날의 햇살이 차가운 땅을 데워 새싹을 틔우듯, 나 역시 새로운 용기를 얻게 된다.

그렇게 우리는 서로의 바람이 되어, 살아갈 힘을 나누며 서로의 존재를 응원한다. 그리고 그것은 눈에 보이지 않지만, 분명히 느껴지는 바람처럼 마음의 물결을 타고 흐른다. 그 흐름 속에서 우리는 함께 웃고, 함께 견디며, 함께 살아간다.

변화에는 각자의 계절이 있다는 것을 알기에 이제는 꽃이 피기를 재촉하지 않으련다. 뿌리가 내릴 시간을 존중하며, 그 자리에서 묵묵히 바람을 불어넣는 것으로 충분하다고 믿는다.

봄바람은 서두르지 않고 살랑인다. 다만 필요한 만큼, 머물러야 할 만큼 그 곁을 지킨다. 언젠가 그 자리에서 민들레 꽃이 살며시 피어나고, 홀씨가 또 다른 세상으로 하늘하늘 날아가기를 기다릴 뿐.

그 기다림은 나의 어린 시절 기억과 닮았다. 감나무 그늘에서, 아무 말 없이 나를 지켜봐 주던 할머니처럼. 재촉하지 않고 대신 그늘을 내어주시고, 바람결에 노랫소리를 실어 보내며, 내가 스스로 햇볕을 향해 고개를 들 때까지 기다려 주셨다. 나 또한 누군가와 그런 바람을 나누며 살아가고 싶다.

민들레는 한 계절 안에서도 잎을 키우고, 꽃대를 올리고, 홀씨를 품는 과정을 차근차근 거친다. 나는 그 과정을 보며 내 삶을 배운다. 청춘의 한때는 꽃처럼 화려했고,

돌봄의 시간은 뿌리처럼 단단했다.

그리고 지금의 나는 홀씨처럼 바람을 타고, 다른 이의 마음 밭으로 물결처럼 흘러 닿을 때 작은 울림을 남긴다. 누군가의 삶 속에서 내가 전한 바람이 뿌리를 내리고 꽃을 피우는 모습을 보는 순간, 이것이 내가 이 길을 걷는 이유임을 깨닫는다.

감나무 그늘이 그러했듯, 민들레의 뿌리가 그러했듯, 봄바람이 그러했듯, 나 역시 누군가의 계절 속에서 그렇게 머물고 싶다. 있는 그대로의 모습을 인정하고, 숨을 고를 수 있는 쉼터가 되어, 다음 계절을 맞을 힘을 길러주는 따뜻한 바람이 되고자 한다.

그리고 언젠가, 내가 전한 그 바람이 다시 누군가에게 날아가 새로운 땅에 꽃을 피우듯 격려와 지지를 보내고, 그로 인해 주변이 따뜻해지는 날을 조용히 바라보며 오늘도 내 길을 걷는다.

민들레 여덟, 고종숙

소개

- 허그맘허그인 심리상담센터 구리갈매점 원장
- 상담학 석사, 아동심리치료학과 박사과정
- 한국부부상담학회 부부상담사1급, 국제이마고 부부치료사(CIT)
  한국상담심리학회 상담심리사2급, 임상심리사1급, 청소년상담사2급,
  한국아동심리치료학회 아동심리상담사2급
- 그림책심리성장연구소 경기9지부 지부장
  그림책심리지도사1급, 양육감정코칭지도사
- 국제아로마테라피스트
- 개인상담, 부부상담, 아동·청소년상담, 양육코칭, 안전한대화(SC) 강사

연락처

메일: kjs7068@naver.com

품은 마음

우리는 모두 연결되어 있다.

바람이 데려다준 자리

민들레 홀씨는 바람을 타고 길을 떠난다. 어디로 갈지 모른 채, 그러나 거스르지 않고 바람이 부는 대로 몸을 맡긴다. 가느다란 깃털 같은 날개가 햇빛 속에서 반짝이며 이리저리 흩날리고, 멀리멀리 퍼져나간다.

누군가는 길가의 틈새에, 누군가는 돌담 아래에, 또 누군가는 잔디밭 한가운데에 내려앉는다. 씨앗이 멈춘 그곳이 곧 뿌리내릴 자리다. 나는 그 장면을 볼 때마다 생각하곤 했다. '저 씨앗들은 어디에 닿아 어떤 모습으로 살아갈까?' 그리고 문득, 나를 지금 이 자리로 데려와 뿌리내리게 한 '바람'은 무엇이었을까.

아이들이 어릴 적, 함께 민들레 홀씨를 잘라 들고 입김을 '후—' 불어 날리던 시간이 많았다. 하얀 씨앗들이 무리 지어 흩날릴 때, 아이들의 웃음소리와 함께 내 마음에도 설렘이 일었다. 하지만 그 웃음 뒤에는 알 수 없는 호기심이 숨어 있었다. 바람은 이 작은 생명을 어디로 데리고 가서, 어떤 땅 위에 내려놓을까. 그곳에서 이들은 어떤 얼굴로 피어날까.

20대의 나는 민들레 홀씨 같았다. 한 방향을 정하지 못한 채 이곳저곳을 떠돌았다. 어느 전공에도 온전히 마음을 두지 못했고, 한 직업에도 오래 머물지 못했다. 어느 도시, 어느 나라에서도 정착하지 못한 채 바람 부는 대로 움직였다. 사람들은 내게 자유롭다고 말했지만, 그 자유는 방향을 잃은 부유(浮游)에 가까웠다.

그러던 어느 해, 중국에서 근무하던 시절이었다. 문득, 이렇게만 살고 싶지 않다는 생각이 들었다. 무언가 뿌리 내릴 곳을 찾고 싶었다. 더 이상 방황하지 않고 한 곳에 자리를 잡고 싶었고, 자유로운 불안함보다는 안정된 일상을 원했다. 그때 내 앞에 다가온 건 '책'이었다. 계획도, 목적도 없었다. 다만 퇴근 후, 마음이 끌리는 책을 집어 들었고, 그렇게 하루하루 책 속에 몸을 담갔다.

그 시절 나를 사로잡았던 건 대부분 심리학 책이었다. 책 속 문장들은 내 마음 깊은 곳까지 스며들어, 오랫동안 굳게 닫혀 있던 문을 하나씩 열어주었다. 그 책들이 바로 나를 지금 이 자리로 데려온 바람이었다.

소이연(所以然), '그래서 그러하다'. 심리학 책을 읽으며 나는 수없이 이렇게 중얼거렸다.

"아, 그래서 내가 이랬구나."
"아, 그래서 그때 그 경험들이 나를 이렇게 살게 만들었구나."

책을 통해 나는 나의 아픔을 다시 마주했고, 마음의 모양을 살펴보았다. 다친 마음을 토닥였고, 나를 아프게 했던 사람을 원망하다가도 어느 순간 용서했다. 묶혀두었던 감정들을 하나씩 꺼내어 맞이했고, 때로는 눈물과 함께 흘려보냈다.

그러면서 조금씩 나를 알게 되었고, 내가 가야 할 길을 찾았다. 마치 바람이 민들레 홀씨를 가장 알맞은 자리로 데려다 놓듯, 책은 나를 지금 이곳으로 데려왔다.

바람이 나를 내려놓은 곳, '심리상담'이라는 자리

나는 이곳이 참 좋다. 매일 내담자를 만나 마음이 이어지고, 동시에 내 마음과도 깊이 마주한다. "아, 그래서 그렇구나" 하고 깨닫는 순간이 하루에도 몇 번씩 찾아온다. 내담자의 삶의 이야기를 들으며, '그래, 나도 그랬지'하고 마음을 포개며 우리가 같은 사람임을 느낀다.

내담자의 고통스런 마음 가운데 희망의 싹이 쏘옥 올라오는 순간, '다행이다, 다행이다'를 속으로 되뇌며 기뻐하고 함께 웃기도 한다. 그렇게 하루하루, 나와 내담자들은 우리의 삶을 이해하고, 서로를 다독이며, 조금씩 성장하고, 각자의 자리에서 뿌리를 내린다.

그러나 책이라는 바람이 나를 데려다 놓은 이 자리가 늘 좋은 것만은 아니다. 들여다봐도 또 들여다봐도 여전히 모르는 나의 마음이 있고, 현실적인 어려움은 나를 불안으로 내몰기도 한다. 때로는 타인의 모습에 화가 나고, 서운함이 밀려오고, 속상함이 마음을 흔든다.

그럴 때면 내 안의 나약함과 미숙함에 부끄러워지기도 한다. 매일의 반복되는 하루에 답답함이 느껴질 즈음, 예전의 그 역맛살이 내 가슴을 두드리며 어딘가로 떠나보라고 부추길 때도 있다. 내담자를 만나면서 마음이 잘 연결되지 않아 답답해지고, 미안해지기도 한다.

나의 능력에 한계를 느끼며 자신감이 한없이 바닥으로 꺼지는 날도 있다. 아이들에게 못난 엄마의 모습을 보이며 씩씩거리고 난 뒤, 내담자와 마주앉아 자녀양육의 기술을 운운하며 자괴감에 빠지는 그런 날도 있다.

그럼에도 불구하고, 나는 이곳이 참 좋다. 나는 바람에 실려 이곳으로 오면서부터,

나 자신에게, 그리고 나를 만나는 사람들에게 이렇게 말할 수 있게 되었기 때문이다.

"그랬구나, 그래서 그랬구나. 네가 이해가 된다."
"어떤 모습이어도 괜찮다. 어떤 모습이어도, 너의 빛나는 본질은 그대로란다."
"새싹이어도, 꽃대여도, 활짝 핀 꽃이어도, 지는 꽃이어도,
홀씨여도... 민들레는 민들레란다."

그 말을 믿게 해주는 자리, 그 말을 건넬 수 있는 자리. 그 자리에 나를 데려다 놓은 바람이 참 고맙다. 그리고 이제는 안다. 바람이 멈춘 그곳이, 곧 내가 살아갈 자리라는 것을.

혼자서도 잘하는 아이

어릴 적 나는 '혼자서도 잘하는 아이'였다. 9남매의 장남과 5남매의 장녀였던 부모님은 나만을 오롯이 바라보고 챙겨줄 여유가 없으셨다. 어린 시절의 기억 속 우리 집은 늘 사람들로 북적였고, 이런저런 일들로 어수선했다. 어른들은 각자의 일로 분주했고, 우리를 향한 시선은 오래 머물지 못했다. 그 속에서 나는 큰집의 큰누나로서, 아래 동생들을 돌보고 지키는 보호자의 역할을 맡았다.

초등학교 방학이면 한 달 남짓 동생 서너 명을 데리고 시골 작은집이나 할머니 댁에서 지내다 오곤 했는데, 고모 댁으로 향하는 시골의 긴 신작로를 걸으며 힘들다고 칭얼대는 동생들을 달래고 어르던 기억이 가끔 떠오른다. 지금 나의 아이들을 보면 '그게 이 나이에 가능했나?' 싶을 만큼, 나는 일찍 철이 들고 독립적인 아이였다.

그렇게 나는 늘 '알아서 잘했다'. 여기서 말하는 '잘했다'는 좋은 성과를 낸 '잘했다'가 아니라, 어른들의 심기를 거스르지 않고 염려를 끼치지 않게 행동한 '잘했다'였다. 무난하게 상황을 넘기기 위해 내가 어떤 역할을 해야 하는지 늘 눈치를 보았고, 혼나지 않을 만큼, 딱 그만큼만 움직이며 타협했다.

성인이 되어서까지도 나는 '너무 튀지도, 너무 지적받지도 않는 적당한 수준'의 나를 유지하는 법을 배워갔다. 내 마음속의 목소리에 귀 기울이기보다는, 주변이 원하는 나를 맞추는 데 더 많은 시간과 마음을 썼다.

그러다 점점 지쳐갈 즈음이면, 나를 잘 모르는 곳으로 훌쩍 떠나 마음을 추스르고, 다시 익숙해지면 또 주변에 맞추며 살아갔다. 하지만 그 맞춤이 힘들어지는 순간이 오면, 또 다른 정착지를 고민하곤 했다.

유년 시절을 지나 20대와 30대를 살아오면서, 나는 '타인에게 괜찮아 보이는 사람'이 되는 데에 많은 시간을 써왔다. 어디서든 잘 어울리고, 뭐든 해낼 줄 아는 사람이라는 말을 듣고 싶었고, 멋진 삶을 사는 사람이라는 평가를 받고 싶었다.

혼자서도 당당하고 외롭지 않은 모습으로 보이길 원했고, 원하는 것을 스스로 실현하며 살아가는 멋진 여성으로 기억되길 바랐다. 그러나 그런 삶을 좇을수록 내 안은 더 외롭고, 불안했고, 작아졌다. 겉으로 보이는 내가 커질수록 마음속의 불안과 외로움도 함께 커져만 갔다.

상담심리로 진로를 정하고 한국에 돌아와 공부를 시작하면서, 나는 상담을 받기 시작했다. 제법 오랜 시간 이어진 분석 과정은 내 이야기를 찾아내고, 고쳐 쓰고, 다시 써 내려가는, 고통스럽지만 기묘하게 즐거운 여정이었다.

내가 드러내고 싶지 않았던 모습은 무엇이었는지, 그것을 감추기 위해 어떻게 살아왔는지 되짚었고, 앞으로 어떤 모습으로 살아가고 싶은지 깊이 고민했다. 그리고 그 긴 시간을 서서히 통과하며, 나는 조금씩, 그러나 분명하게, 한 가닥씩 뿌리를 내리기 시작했다. 지금 이 자리에서, 비로소 나다운 자리를 잡아가고 있다.

모든 걸 담아주는 시선

『민들레는 민들레』 그림책을 읽다가, 문득 민들레가 뿌리내린 자리들이 눈에 들어왔다. 어떤 아이는 가로수 아래 좁은 틈에서, 또 어떤 아이는 도로 옆 벽 사이에서, 어떤 아이들은 들판 한가운데에서 함께 피어 있었다.

그 중 유독 마음이 머무는 아이가 있었다. 지붕 위에 홀로 피어 있는 민들레였다. 멀리서 보아도 왠지 모르게 안쓰럽고, 외로워 보였다. 그 마음이 무엇인지 곱씹어 보니, '시선'이라는 단어가 떠올랐다.

다른 민들레들이 자리 잡은 곳은 크든 작든, 깨끗하든 지저분하든, 불편하든 편안하든 사람들의 시선이 닿는 자리였다. 길을 오가다 보면 자연스레 눈에 들어오는 곳, 누군가의 발걸음과 시선이 닿는 자리였다.

그러나 지붕 위의 민들레는 달랐다. 사다리를 타고 일부러 올라가지 않는 이상, 그 존재를 알아차리기조차 힘든 자리였다. 아무도 그곳에 민들레가 있다는 사실을 모를 수 있는 자리, 그럼에도 꿋꿋하게 꽃을 피운 자리였다.

오랫동안 상담을 받으며 내 마음속에 늘 품었던 질문이 있었다. 나를 이토록 긴 시간 찾아가게 하고, 마음을 꺼내놓게 하고, 울게 하고, 진심을 드러내게 하고, 변하게 한 것은 무엇일까. 오늘 지붕 위에 홀로 핀 민들레를 보며, 나는 그 질문의 답을 어렴풋이 본 것 같다. 그것은 나의 분석가 선생님의 진심 어린 시선이었다.

내가 무엇을 말해도 괜찮다던, 어디서 어떤 모습으로 살아왔든 상관없다던, 무엇을 꿈꾸든 괜찮다던, 한없이 넓고 따뜻한 시선. 어떤 곳에 뿌리를 내렸든, 어떤 모습으로 피어 있든, '괜찮다, 다 괜찮다'라고 말해주는 시선이었다.

지붕 위의 민들레는, 어쩌면 그런 시선을 받기 힘든 자리에 있는지도 모른다. 그렇기에 그 민들레에게 마음이 더 쓰였는지도 모른다. 그리고 그 순간, 오랫동안 나를 향해 넓은 품의 시선을 보내주셨던 분석가 선생님이 떠올랐다.

더불어 미처 깨닫지 못했던 수많은 순간 속에서 나를 감싸주었던 따스한 눈길들이 하나하나 떠올랐고, 그 기억이 내 마음을 포근히 덮어주었다.

지붕 위의 민들레를 바라보며, 시선 하나가 누군가의 존재를 끝까지 지켜내고 그 자리에서 피어날 힘을 준다는 사실을 깨달았다. 그리고 나 또한, 누군가의 지붕 위 민들레를 알아보고 바라봐줄 수 있는 사람이 되고 싶다.

그냥 괜찮고, 그냥 즐겁다.

올해 초등 2학년이 된 나의 딸은 수줍음이 많은 아이이다. 새 친구를 사귀고 싶고, 함께 놀고 싶지만 먼저 다가가 말을 걸기는 어렵다고 한다. 그 이유를 묻자, 딸이 대답했다.

"친구가 싫다고 하면 어떻게 해."
"친구가 다른 걸 하고 싶거나, 다른 친구랑 놀고 싶어 하면 곤란하잖아."

그 말을 듣던 쌍둥이 아들이 의아하다는 듯 말을 보탠다.

"그럼 다른 친구랑 놀면 되잖아?"

너무도 다른 성향을 지닌 두 아이의 대화에 웃음 짓다가, 문득 '나 자신은 어떤가?' 하는 생각이 들었다. 나도 딸만큼은 아니지만, 무언가를 말하는 게 쉽지 않은 사람이었다. 마음속에 떠오르는 말을 꺼내기 전에 수많은 생각이 먼저 줄을 섰다.

이 말을 했다가 상대가 불편해하지는 않을까, 혹시 실망하거나 나를 멀리하지는 않을까. 말이 목 끝까지 차올라도, 그 말이 남의 표정을 굳게 만들 것 같으면 삼켜버리곤 했다. 어린 시절부터 나는 '괜히 나섰다가 망신당하면 어떡하지'라는 두려움과 '괜찮은 사람으로 보이고 싶다'라는 바람 사이를 오갔다.

원하는 게 있어도 '혹시 너무 내 욕심만 부린다고 생각하지 않을까?', '내가 이기적이고 나쁜 사람으로 보이지는 않을까?' 하는 마음에 입을 닫았다. 그렇게 한 번, 두 번, 자꾸만 내 안의 목소리를 눌러놓다 보니, 어느새 말하지 않는 것이 더 편해져 버렸다. 침묵은 내 안전지대가 되었고, 그 침묵은 단순한 '수줍음'이 아니라, 어떻게든 '잘 보이고 싶은 마음'의 또 다른 얼굴이었다.

겉으로는 순응적이고 차분해 보였지만, 그 속에는 인정받고 싶은 갈망이 자리 잡고 있었다. 누군가의 눈에 '괜찮은 사람'으로 비치고 싶었고, 그래서 사랑받을 수 있는 사람이 되고 싶었다. 나는 나 자신이 아니라, '사랑받을 자격이 있는 나'를 보여주려 애쓰며 살았다. 그때의 나는 있는 그대로의 나도 이미 사랑받을 수 있다는 사실을 몰랐다.

'괜찮은 사람이어서 사랑받을 수 있는 사람'

그랬다. 나는 '괜찮아야만' 사랑받을 수 있다고 믿으며 살아왔다. 그냥 있는 그대로의 나는 불완전하고 모자라 보였기에, 늘 무언가를 덧입혀야만 사랑받을 수 있다고 생각했다.

무언가를 잘해서 인정받아야 하고, 열심히 사는 모습을 보여야만 비로소 '괜찮은 인간'이 된다고 여겼다. 뛰어나지 못하더라도, 적어도 '노오력'하는 모습을 보여야 했다. 그래야 사람들이 나를 받아들이고, 내 곁에 머물러 줄 거라 믿었다.

그래서 나는 늘 무엇인가를 향해 달리고 있었다. 하루를 채우는 계획표에는 '쉼'이라는 단어를 찾기 어려웠다. 무언가를 성취하지 못할 것 같으면, 해보고 싶은 마음이 있어도 애초에 시작하지 않았다.

시작했다가도 너무 힘들면, 미움받지 않을 만큼만, 실망시키지 않을 만큼만 타협했다. 그렇게 나는 늘 '괜찮아 보이는 나'와 '진짜 나' 사이에서 줄타기를 하고 있었다.

하나를 끝내고 나면, 잠시라도 숨을 고를 틈을 주기보다 또 다른 목표를 찾아 나섰다. 그 과정에서 무엇을 원해서 하는지, 정말 내가 하고 싶은 일인지 묻지 않았다. 중요한 건 결과였고, 그 결과가 나를 '괜찮은 사람'으로 보이게 하는지가 중요했다. 그 덕에 사람들에게는 부지런하고 성실해 보였을지 모르지만, 정작 내 안은 늘 바닥을 드러내고 있었다.

돌아보면, 나는 사랑을 얻기 위해 끝없이 나를 증명하려 했다. 잘하고, 열심히 하고, 포기하지 않는 모습을 보여야만 사랑받을 수 있다고 생각했다. 그러나 그 속에는

는 불안이 있었다. '혹시 내가 멈추면, 아무것도 이루지 않으면, 사람들은 나를 떠나지 않을까?' 하는 두려움. 그래서 나는 쉴 틈도 주지 않고 나를 몰아붙였고, 결국 그 삶의 끝에는 성취보다도 깊은 허기가 남아 있었다.

지금의 나는 예전보다 그런 모습이 많이 줄었다. 여전히 삶의 관성 때문에 비어 있는 일정표를 보면 무언가를 채우고 싶어지지만, 이제는 그럴 때마다 나에게 묻는다.

'이게 정말 내가 원하는 걸까?', '지금 이걸 배우는 게 꼭 필요한 걸까?'
'이걸 하지 않는 나는 '안' 괜찮은 사람일까?'

그렇게 질문하며 잠시 머물다 보면, 몸의 긴장이 풀리고 마음이 한결 여유로워진다. 그래, 이걸 배우지 않아도, 할 줄 몰라도, 지금 나대로 괜찮다.

요즘 나는 아무것도 하지 않는 빈둥거리는 시간을 즐긴다. 소파와 한 몸이 되어, 보고 싶었던 드라마 시리즈를 몰아보기도 하고, 예전엔 의미 없다고 여겼던 사람들과의 별것 아닌 수다도 이제는 의미 있고 즐겁다.

보고 싶은 소설책 한 권을 집어 들고 마당에 나가, 책을 읽다, 산을 바라보다 멍하니 시간을 보내는 것이 제일 좋다. 예전에도 이런 일을 하곤 했지만, 그때는 이런 시간을 보낸 뒤 왠지 모를 자책감과 우울감이 따라왔다.

지금은 그렇지 않다. 그냥 괜찮고, 그냥 즐겁다. 이런 나도, 저런 나도 '모두 괜찮은 나'라고 받아들이고 예뻐해 주기 시작했기 때문이다.

예쁜 민들레여야 사랑받고, 건강한 민들레여야 시선을 받고, 그래야만 자신을 온전히 드러낼 수 있다고 믿는 이 세상 모든 민들레에게 나는 꼭 이 말을 전하고 싶다.

"어떤 민들레여도 괜찮아."

제 3 장

민들레는 민들레, 나는 나

제 3 장 민들레는 민들레, 나는 나

나는 나대로 피어난다.

민들레를 오래 들여다본 적이 있다. 길을 걷다 무심코 눈에 들어온 그 작은 꽃이, 어떻게 거기서 자랐을까 하는 생각이 들었다. 흙이 부족해 보이는 시멘트 틈새에서도, 사람 발길이 하루에도 수십 번씩 오가는 길가에서도, 심지어 비바람이 거세게 몰아치는 들판에서도 민들레는 고개를 든다.

누가 물을 주거나 거름을 주지 않아도, 예쁜 화분에 옮겨 심어주지 않아도, 그 자리에 뿌리를 내리고 꽃을 피운다. 그 모습은 억세고 강하면서도 한편으로는 담백하고 수수하다.

나는 한동안 내가 서 있는 자리를 마음에 들어 하지 못했다. 더 나은 환경, 더 안정된 조건, 더 보기 좋은 모습이 되어야 한다고 생각했다. 그래서 늘 '다른 어딘가'를 꿈꾸며, 그곳에 가야만 내가 빛날 수 있을 거라 믿었다. 그러나 현실은 언제나 내가 원하는 자리에만 나를 데려다 놓지 않았다. 때로는 원하지 않았던 곳에 서야 했고, 준비되지 않은 자리에서 하루를 버텨야 했다.

그때마다 '여기는 아닌데…'라는 마음이 고개를 들었다. 하지만 민들레를 보고 있으면 알게 된다. 꼭 멋진 자리에서만 꽃을 피우는 건 아니라는 것이다. 바람이 데려다 놓은 자리에서, 할 수 있는 만큼 피어나면 된다. 그것이 어쩌면 가장 단단한 삶이다.

그림책 속 민들레도 바람이 실어다 준 자리에 그대로 뿌리를 내린다. 그곳이 비옥한 흙이든, 메마른 땅이든, 햇볕이 오래 머무는 곳이든, 그늘이 드리운 구석이든 상관없다. 일단 뿌리를 내리고 나면, 그 자리에서 살아갈 방법을 찾는다. 비가 오면 비를 마시고, 해가 뜨면 해를 향해 잎을 벌린다.

뿌리가 더 깊어야 한다면 깊게 뻗고, 잎이 넓어야 한다면 넓게 벌린다. 그렇게 하루하루를 쌓아가며, 계절이 바뀔 때쯤이면 어느새 노란 꽃이 피어난다. 화려하지 않아도, 그 자리에서 피어 있다는 사실만으로 충분하다.

나답게 산다는 건, 특별한 조건을 갖추고 시작하는 게 아니라는 걸 이제야 조금 알겠다. 누군가의 시선에 맞추어 서 있는 게 아니라, 내 발이 닿아 있는 자리에서 조금씩 나의 색을 드러내는 일이라는 걸. 잘 보이려고 애쓰지 않아도, 꾸미지 않아도, 있는 모습 그대로 살아가도 괜찮다는 걸 민들레가 보여준다.

오히려 억지로 나를 바꾸려 할 때보다, 있는 그대로의 나를 받아들이고 그 자리에서 조금씩 자라날 때 더 단단해진다는 걸 깨닫게 된다. 민들레는 다른 꽃을 부러워하지 않는다. 옆에서 더 크고 화려한 꽃이 피어도, 그저 자신의 리듬대로 싹을 틔우고, 꽃을 피우고, 씨앗을 날린다. 바람이 불어오면 그 바람을 타고 씨앗을 멀리 보내고, 그 씨앗은 또 다른 자리에서 새로운 생을 시작한다.

나도 그렇게 살고 싶다. 지금 이 자리에서, 나다운 속도로, 나만의 빛깔로 피어나고 싶다. 완벽하진 않아도, 누군가의 눈에 잘 띄지 않아도, 나로 살아간 하루하루가 모여 결국 내 인생이 된다는 걸 믿고 싶다. 그리고 언젠가 내가 보낸 작은 씨앗이 또 다른 누군가의 삶 속에서 꽃을 피울 수 있기를 바란다.

어디에 뿌리내려도 나는 나

민들레는 옮겨 심어주지 않아도, 좋은 흙을 골라주지 않아도 살아간다. 바람이 멈춘 곳이 곧 새로운 시작이 된다. 그 자리가 길가일 수도 있고, 운동장 한켠일 수도 있고, 담벼락 틈새일 수도 있다.

어떤 씨앗은 아이들의 발길이 자주 닿는 놀이터 모래 위에 떨어지기도 하고, 어떤 씨앗은 한 번도 사람의 손길이 닿지 않는 풀숲 속에 자리 잡기도 한다. 환경이 제각각이어도 민들레는 자기 시간을 놓치지 않는다. 뿌리가 닿을 만큼의 흙과 조금의 햇빛이 있으면, 거기서 싹을 틔우고 잎을 벌리고 꽃을 올린다.

살다 보면 나 역시 원하던 곳이 아닌 곳에 서 있어야 할 때가 많았다. 예상했던 길이 아니어서 당황했고, 내가 준비한 환경이 아니어서 불만도 있었다. 주변 사람들은 "적응하면 된다"고 쉽게 말했지만, 정작 그 자리에서 하루하루를 버티는 건 내 몫이었다.

처음엔 이곳은 내 자리가 아니라고만 생각했다. 그러나 시간이 지나면서, 그 자리가 마음에 들지 않아도 거기서 할 수 있는 일이 있고, 그 자리에서만 배우는 것이 있다는 걸 알게 됐다.

민들레는 뿌리를 내린 후, 주어진 조건 안에서 방법을 찾는다. 햇빛이 부족하면 더 넓게 잎을 벌리고, 물이 적으면 뿌리를 더 깊이 뻗는다. 누군가 물을 주지 않아도, 누군가 꽃을 지켜봐주지 않아도 스스로 살아갈 힘을 키운다. 나도 그랬다.

마음에 들지 않는 환경 속에서, 어쩔 수 없이 맡은 일 속에서, 내 나름의 방식을 찾았다. 책을 붙잡고 배우거나, 사람들에게 먼저 다가가 관계를 만들어가거나, 때로는 그냥 조용히 시간을 흘려보내기도 했다. 그렇게 하루하루를 보내다 보면, 처음엔 버티기만 하던 자리가 어느새 나를 자라게 한 자리로 변해 있었다.

돌이켜보면, 내가 '이건 나랑 안 맞아'라고 단정했던 순간들 속에서도 작은 성장이 있었다. 그때는 불필요하다고 생각했던 경험이 훗날 다른 상황에서 힘이 되어주기도 했다.

환경이 완벽해서 나아진 게 아니라, 불완전한 자리에서 내가 조금씩 달라졌기 때문이다. 민들레가 척박한 땅에서도 꽃을 피우듯, 나도 불만이 가득했던 자리에서 뜻밖의 열매를 얻은 적이 많다.

민들레는 어디에 뿌리내려도 민들레다. 이름이 바뀌지 않고, 성질이 바뀌지 않는다. 나는 그 사실이 좋다. 환경이 나를 규정하지 않게, 자리의 크고 작음이 내 가치를 바꾸지 않게. 어디에 있든, 어떤 역할을 맡든, 그 안에서 나다운 것을 잃지 않고 살아가고 싶다. 그렇다고 매 순간 씩씩할 필요는 없다.

힘든 날에는 그냥 힘든 채로 있어도 된다. 다만, 그 시간 속에서도 나를 놓지 않는 것, 그게 민들레처럼 산다는 뜻일 것이다. 그리고 언젠가, 내가 머물렀던 자리가 나를 키운 자리였음을 알아차리는 날이 오기를 바란다.

있는 그대로의 나(너)를 좋아해

예전에는 나를 좋아한다는 말을 쉽게 할 수 없었다. 마음 한켠에는 늘 '아직 부족하다'는 생각이 붙어 있었고, 그 부족함을 채워야만 나를 인정할 수 있다고 믿었다. 시험에 합격해야, 직장에서 성과를 내야, 누군가에게 인정받아야만 괜찮은 사람이 될 수 있다고 생각했다.

그래서 거울 속 내 표정이나 내가 원하는 모습보다, 남이 바라보는 나의 반응과 평가가 훨씬 더 중요했다. 칭찬을 들으면 잠시 안심했지만, 그 말이 멈추면 곧 불안이 몰려왔다. 반대로 부정적인 시선이나 한 마디라도 비판이 들리면, 그게 전부인 것처럼 마음이 무너졌다.

민들레를 보면서 문득 생각했다. 저 꽃은 누군가 예쁘다고 말해줘야만 피는 게 아니구나. 아무도 눈길 주지 않아도, 때로는 발길에 밟혀도, 그 자리에서 묵묵히 피어있다. 어떤 사람은 잡초라 부르고, 어떤 사람은 약재로 귀하게 쓴다

이름이 달라져도 민들레는 민들레다. 그 단순하고 분명한 모습이 부러웠다. 나는 왜 이렇게 다른 시선에 쉽게 흔들렸을까. 왜 나를 좋아하는 데 늘 조건이 붙었을까.

있는 그대로의 나를 좋아한다는 건 완벽하다는 뜻이 아니다. 여전히 서툴고, 때로는 부족하고, 어떤 날은 게으르고, 어떤 날은 용기가 없다. 그런데 예전에는 이런 내 모습을 인정하는 걸 참 어려워했다. 무조건 고쳐야 한다고만 생각했고, 이런 면이 드러나면 사람들에게 실망을 줄 거라 믿었다. 하지만 조금씩 깨닫는다.

힘이 빠진 날의 나도, 사람들에게 잘 보이려고 애쓰다 지친 나도, 아무것도 이룬 게 없는 것 같아 마음이 무거운 나도, 다 나라는 사람의 일부라는 것을. 민들레가 햇살과 비를 가리지 않고 모두 받아들이듯, 나도 내 안의 여러 얼굴을 받아들이고 싶다.

이 마음은 결국 '너'에게도 닿는다. 가까이에 있는 사람, 함께 부대끼며 살아가는 가족, 오래도록 알면서도 여전히 이해하기 어려운 친구, 한때 마음을 다치게 했던 사람까지. 그들의 모든 행동을 좋아할 수는 없지만, 있는 그대로를 인정하는 건 가능하다. '왜 저럴까'라는 생각에서 '저 사람은 저렇게 살아가는구나'로 시선을 바꾸면, 괜히 힘이 빠졌던 마음이 조금은 가벼워진다.

민들레는 자기 자리에서 스스로를 바꾸려 하지 않는다. 그렇다고 변화를 거부하는 것도 아니다. 계절이 바뀌면 잎의 모양이 달라지고, 날씨에 따라 키도 달라진다. 하지만 뿌리가 땅을 놓지 않듯, 본질은 그대로다. 나를 좋아한다는 건 변하지 않겠다는 고집이 아니라, 변하더라도 그 속에서 나를 놓지 않겠다는 마음이다.

있는 그대로의 나를 좋아하는 건 하루아침에 완성되지 않는다. 여전히 부족한 점이 먼저 눈에 들어오고, 더 나아져야 한다는 생각이 쉽게 사라지지 않는다. 그래도 오늘의 나를 조금 더 인정하고, 어제보다 단단하게 나를 안아주는 것, 그것만으로도 충분하다. 그런 마음을 너에게도 건넬 수 있다면, 우리는 서로를 조금 더 편안하게 바라볼 수 있을 것이다.

민들레가 민들레이듯, 나는 나로, 너는 너로 살아가면 된다. 그 모습이 완벽하지 않아도, 모난 구석이 남아 있어도, 그 자체로 살아갈 이유가 충분하다. 오늘의 나와 너를, 있는 그대로 좋아해도 괜찮다. 오히려 그게 서로를 오래도록 곁에 두게 하는 힘이라는 걸, 이제야 조금 알 것 같다.

이지연

장미처럼 향기가 진하지도 않고, 벚꽃처럼 흐드러지게 피지도 않으며, 카네이션처럼 선물 되는 꽃도 아닌, 흔해서 밟혀도 모를 민들레. 그 민들레는 아스팔트와 돌 틈 사이에서도 꿋꿋이 고개를 들어 제 꽃을 피운다.

화려하진 않지만 소박하게 자신을 밝혀내듯, 우리 또한 지금 이 자리에서 충분히 존재한다. 바람에 실려 흩날린 씨앗이 낯선 땅에 닿아 다시 꽃을 피우듯, 우리의 삶도 늘 또 다른 시작을 품고 있다. 오늘의 걸음이 내일의 씨앗이 되고, 그 씨앗이 피어나는 순간 우리는 민들레처럼 단단히 뿌리내리고 있을 것이다.

고혜인

민들레처럼 살아가는 삶이란, 그 자리에 있을 때도, 바람에 흩날릴 때도, 언제나 자기다움을 잃지 않고, 사랑을 나누며 이어지는 길이 아닐까. 그리고 나는 오늘도 아이들을 바라보며 배운다. 가장 순순한 삶의 철학은, 바로 민들레처럼 있는 그대로 서서, 사랑을 흩뿌리는 것이라는 걸.

김경아

짧은 그림책 하나가 소개해 준 민들레를 통해 나는 내 자신을 마주하게 되었다. 민들레를 바라보는 나의 눈빛은 따뜻했고 다정했다. 나는 처음으로 나 자신에게도 그런 눈빛을 보내게 되었다.

민들레를 통해 내 삶의 발자취를 돌아보게 되었고, 그동안 말하지 못했던 위로와 격려를 조심스럽게 건넸다. 나는 이제 지는 연습을 준비하려 한다. 그리고 내가 진 자리에 새로운 씨앗들이 자라나 그 씨앗들이 또 다른 생명을 품기를 기대한다.

손향미

민들레의 모습을 통해 나를 돌아보는 시간이 좋았다. 이 책을 읽기 전까지 상담사라는 직업에 충실하느라, 나보다 남을 읽고 바라보는 시간 들에 몰두하는 삶이었다. 상대적으로 나를 읽고 바라보는 시간은 적어졌고 점점 나에게 몰두하는 시간은 줄어들었다.

이 책을 통해 내담자가 아닌 나를 읽고 바라보는 시간이 나에게 선물을 준 느낌이다. 앞으로도 나에게 선물 같은 시간을 자주 만들어 주어야겠다고 생각하며 이 책을 덮는다.

권민성

지금, 너는 어디에 살고 있니? 과거일까, 현재일까, 미래일까. 나는 오랜 시간 미래 속에서 살아온 것 같다. 그렇다고 현실을 충실히 살지 않았던 것은 아니다. 누구보다 치열하게, 부지런히, 성실하게 살아왔다. 그런데도 내 마음은 늘 미래를 향해 있었던 것 같다. 이 책을 통해 그동안의 시간을 돌아볼 수 있었다.

꽃이 되어야 한다는 생각보다, 이미 꽃임을 잊지 말고, 지금, 이 순간을 즐기며 살아가라는 응원의 메시지로 다가와 참 좋았다. 나의 평범한 일상이 얼마나 아름다울 수 있는지, 누구보다 먼저 누리며 살아가겠다고 다짐해 본다.

임려원

이 책을 읽고 타인을 바라보는 시선이 한결 너그러워졌다. 예전에는 '이래야 해, 저래야 해, 왜 저러는 거야?'라는 생각이 자동처럼 이어졌지만, 이제는 '그럴 수도 있지, 자기 나름의 민들레니까 자기 나름의 삶을 살아가고 있는 거겠지.

'다 똑같을 수는 없잖아.' 하는 마음이 먼저 든다. 그렇게 생각하니 내 마음이 천사가 된 기분이다. 아직 나 자신을 이런 편안한 시선으로 바라보는 건 서툴지만, 그 연습을 조금씩 이어가는 내가 좋다.

이혜숙

글을 마치며, 민들레 그림책이 내 마음에 남긴 잔향은 한가롭고도 따뜻하다. 긴 터널을 지나 햇살 가득한 길로 나서는 기분이다. 내 삶에도 이런 평범하지만 빛나는 순간들이 있었다는 걸 다시 느낀다.

산책길에 만난 풀잎의 부드러움, 바람의 가벼움, 담장 너머 꽃들의 수줍은 인사가 나에게 여유로움을 준다. 이제는 서두르지 않고, 있는 그대로의 나와 타인을 바라보며, 서로의 걸음대로 걸어가는 이 길이 참 고맙고 소중하다.

고종숙

민들레의 모습을 통해 나를 돌아보는 시간이 좋았다. 이 책을 읽기 전까지 상담사라는 직업에 충실하느라, 나보다 남을 읽고 바라보는 시간 들에 몰두하는 삶이었다. 상대적으로 나를 읽고 바라보는 시간은 적어졌고 점점 나에게 몰두하는 시간은 줄어들었다.

이 책을 통해 내담자가 아닌 나를 읽고 바라보는 시간이 나에게 선물을 준 느낌이다. 앞으로도 나에게 선물 같은 시간을 자주 만들어 주어야겠다고 생각하며 이 책을 덮는다.

나는 너를 좋아해
그대로의 너를, 그대로의 나를

초판인쇄 2025. 9. 8
초판발행 2025. 9. 10
지 은 이 이지연 고혜인 김경아 손향미 권민성 임려원 이혜숙 고종숙
펴 낸 곳 도서출판 다 시 랑
펴 낸 이 신진호
출판등록 제2002-000017호
주　　소 서울시 동작구 사당로 8 (상도동)
전　　화 (02) 812-3694 (代)
ISBN 978-89-97756-90-2(03040)
정가 15,000원

이 메 일 : saim1009@hanmail.net
대표저자 : 임려원
작가 브런치 http://brunch.co.kr/@ffc869bbcc174b3
블러그 https://blog.naver.com/saim1009